La création de la richesse de la révolution industrielle à l'ère du numérique

Points de vue
Collection dirigée par Denis Pryen

Dernières parutions

Bernard BAMOGO, *L'homme est un remède pour l'homme. L'humanisme de l'Afrique à l'Europe*, 2021.
SHANDA TONME, *Sociologie du pouvoir et de la puissance. Triomphe et décadence des intelligences académiques, politiques et diplomatiques*, 2021.
Crisantos OBAMA ONDO, *L'Afrique et sa culture de la démocratie. Une évaluation de la réalité culturelle africaine face à l'enjeu de sa consolidation démocratique*, 2021.
Francis MPOUSSA, *Quand le Congo s'éveillera. Le pacte de l'héritage avec Denis Sassou Nguesso*, 2020.
Cheikh FAYE, *Tutelle postcoloniale. Le Sénégal, 13e territoire d'outre-mer de la France*, 2020.
Jean-Claude KAYUMBA, *La puissance du changement des mentalités ?* 2020.
Alfred MBUYI MIZEKA, *Lettre ouverte au monde noir africain, "Colonisateurs et Colonisés devant le jugement de l'Histoire"*, 2020
Boulou Ebanda NYA B'BEDI, *Cameroun 2010-2020. Essais, nouvelles et commentaires politiques*, 2020.
Birame Waltako NDIAYE, *L'Afrique saturée de sens, Les illusions immobilisent le continent noir,* 2020.
Youssouf BOINA, *Comores : quelle transition entre la voyoucratie et la république ? Lettre ouverte au colonel-président des Comores*, 2020.
Alhassane A. NAJOUM, *Les ruptures conjugales en Afrique subsaharienne musulmane, Analyse socio-anthropologique du tashi, de la répudiation*, 2020
Germinal G. VAN, *Au nom de la république forte. Côte d'Ivoire : essais politiques pour une hégémonie régionale*, 2020.
SHANDA TONME, *Les nationalistes africains à l'épreuve. Stratégies et tactiques pour le pouvoir,* 2020.
André MBENG, *Tribalisme, idéologie et jeu politique au Cameroun de 1951 à 2018*, 2019.

Cyrien Kanamugire

La création de la richesse de la révolution industrielle à l'ère du numérique

L'Harmattan

Du même auteur

Du génocide à la défaite
(sous pseudo), éd. Rebero, Kigali-Rwanda, 1997

Le défi de survivre
(sous pseudo), éd. Persée, Paris, France, 2009

Génocide au Rwanda, quinze ans plus tard,
éd. Bénévent, Nice-France, 2010

Afghanistan, le rêve pashtoun et la voie de la paix,
Dignity Press, Oregon, USA, 2014

Livre académique :

Introduction au droit des affaires,
KanaEditeur, Kigali-Rwanda, 2019

5-7, rue de l'Ecole-Polytechnique, 75005 Paris
http://www.editions-harmattan.fr
ISBN : 978-2-343-24972-8
EAN : 9782343249728

Introduction

La grave pandémie du Corona Virus qui a déferlé sur le monde depuis le début de l'année 2020 a mis en évidence l'extrême vulnérabilité de l'Afrique en générale et sub-saharienne en particulier. Elle a mis à nue la précarité des moyens d'existence de sa population.

Alors que les pays développés sortaient le chéquier et déversaient des milliards de dollars sur le marché pour aider leurs populations à survivre et passer à travers, les pays africains se contentaient de donner des ordres de confinement à des populations totalement démunies, sans le moindre recours.

Au Canada, dès l'éclosion de la pandémie forçant des milliers de travailleurs à rester chez eux pour tenter de limiter la transmission du virus dès le mois de mars 2020, le gouvernement, à l'instar des autres pays développés, avait accordé à ces milliers de personnes obligées d'arrêter leur travail une aide d'urgence sous la forme de prestation canadienne d'urgence (PCU).

Au début du mois de juin 2020, quelques mois seulement après le confinement forcé, les statistiques montraient que quelque 8,4 millions de personnes avaient eu recours à la PCU avec une facture totale tournant autour de 40 milliards de dollars selon les chiffres publiés par le quotidien de Montréal *Le Devoir* du 7 juin 2020.

Aux États-Unis, le président de la Réserve fédérale américaine déclarait lors de l'adoption par le Congrès américain d'un nouveau plan d'aide aux ménages et aux entreprises frappés par la pandémie de Covid-19, que les Américains auraient besoin de mesures d'une aide supplémentaires de Washington pour leur servir de pont au-dessus du gouffre qui les sépare d'une probable sortie de crise.

Ainsi, d'autres programmes d'aide aux particuliers et aux entreprises de plusieurs milliards de dollars étaient régulièrement accordés. Par exemple, une subvention des salaires des entreprises dépassait déjà 70 milliards de dollars à la fin du mois d'août 2020.

Et lorsque la vaccination envisagée comme seul moyen de prendre le dessus et de contrôle de la pandémie est devenue possible, une fois de plus l'Afrique sub-saharienne se retrouvait les mains nues, incapable de fabriquer le vaccin ou de payer le prix des millions de doses nécessaires à la protection de la population forcée à répétition de rester confinée chez elle sans le moindre soutien des gouvernements locaux. On n'a pas besoin de décrire les souffrances dans lesquelles la population de ces pays frappés de plein fouet a vécu et continue à vivre.

La seule voie de sortie de ce cercle vicieux de la pauvreté, le seul moyen de briser cet étau meurtrier, c'est de réussir un véritable développement dans les pays africains eux-mêmes et cesser de tourner les yeux en permanence vers l'extérieur ou tendre la main vers des donateurs fatigués d'entendre des gémissements plaintifs de ces pays dont on cache à peine le mépris.

Tout le monde en est aujourd'hui conscient et se demande comment y arriver.

Ce livre tente de montrer la voie que d'autres pays ont suivie pour passer de l'économie rurale, agraire, à la production industrielle et au développement social, grâce à la mécanisation, à la force motrice et à la substitution du cerveau humain par une intelligence artificielle logée sur des circuits intégrés au cœur des ordinateurs, avec pour résultat la multiplication de la richesse, l'abondance matérielle et la fin des privations.

Aujourd'hui, l'humiliante pauvreté dans laquelle se débattent des milliers de personnes en Afrique, est devenue une honte pour l'humanité, une honte pour nous tous, une atteinte grave à la dignité humaine.

L'objectif de ce livre est de montrer la voie que les pays en développement, particulièrement africains, devraient suivre pour sortir du bourbier de la honte, satisfaire aux besoins matériels et alimentaires de leurs populations par leurs propres moyens et devenir des partenaires respectés des autres nations, et non un océan de misère, théâtre des guerres à répétition, et exportateur de la pauvreté. L'Afrique en est-elle capable ? Oui, elle l'est.

Comme le disait Alexander Hamilton, le ministre des finances du premier gouvernement américain mis en place après la guerre d'indépendance en 1783, gouvernement dirigé par George Washington, « *Chaque nation devrait produire sur son propre territoire tous les éléments nécessaires à la consommation et à la satisfaction des besoins intérieurs de sa population. C'est cela l'Indépendance qui fait gagner le respect à l'homme, au peuple et à la nation* ».

Certains diront que les dirigeants de ces pays ont tout tenté depuis l'indépendance et n'ont pas réussi. Il y a sans doute une raison. La mise en route d'un véritable développement économique et social s'appuyant sur une production industrielle solide combinée aux technologies et à l'innovation doit être exécutée suivant un plan. C'est comme la construction d'un bâtiment de plusieurs étages. Il lui faut un plan technique, conçu par des spécialistes qualifiés.

L'exécution de ce plan doit à son tour être supervisée de façon technique par d'autres spécialistes aussi qualifiés. En montrant la voie, ce livre pose les bases et laisse un héritage.

Même si les générations actuellement aux commandes des responsabilités n'arrivent pas à engager cette mise en route, les générations suivantes sauront dans quelle direction engager le combat. Car ce sera un combat, un changement radical, une véritable révolution, douce et tranquille comme la Révolution québécoise des années 1960.

Considéré comme le modèle du développement économique, industriel, technologique et de l'organisation sociale, le bloc occidental incluant l'Amérique du Nord, n'a pas atteint ce standing de vie et ce niveau de performances en une année, même pas en un siècle. Le chemin a été long, les sacrifices ont été nombreux. Les efforts investis, la patience et pas mal de souffrances ont accompagné ce long parcours.

Pendant des années, pour alléger la pression démographique, et parfois fuir les famines récurrentes et la pauvreté, l'Europe a exporté des excédents de sa population vers les nouveaux continents fraîchement découverts, vers l'Amérique et l'Australie.

L'Afrique n'aura pas de nouveaux continents vers lesquels exporter les excédents d'une démographie galopante. Les victimes, qui tombent chaque jour dans la mer Méditerranée en tentant de rejoindre les côtes italiennes, en fuyant la misère et la pauvreté, sont déjà nombreuses. L'Afrique n'a pas un autre choix. Elle a le devoir et l'obligation de réagir. La seule voie qui lui reste possible, comme l'a fait le Japon ou la Corée du Sud, la Chine et l'Inde, c'est le développement.

Elle doit réviser l'ensemble de son organisation, prendre son destin en main, et bâtir son développement. Un développement qui protège l'environnement, assure l'harmonie sociale, finance la production et la consommation et paye des salaires décents aux travailleurs.

Force est d'envisager un développement qui mette fin aux groupes armés qui se présentent sous emballage religieux, groupes devenus, dans plusieurs régions de l'Afrique, l'instrument privilégié de légitimation de la violence, mais qui ne sont, en réalité, qu'une réponse désespérée de la jeunesse à la pauvreté dont elle ne voit pas l'issue.

Seul convient un développement qui ouvre la voie à la dignité et à l'espoir.

L'auteur

PREMIÈRE PARTIE

1. Les premières explorations des côtes africaines à la fin du Moyen-Age

Pour mieux s'orienter sur la voie à suivre afin de sortir l'Afrique de la pauvreté, nous allons d'abord jeter un coup d'œil sur le long et difficile parcours que l'Europe occidentale a suivi avant de devenir le moteur et le point de départ de la conquête et de la transformation du monde.

Notre attention portera d'abord sur la période de la Renaissance qui coïncide avec le début du 15e siècle, Renaissance au cours de laquelle les premiers explorateurs portugais ont mis leurs pieds sur les côtes de l'Afrique noire, et Christophe Colomb découvrit l'Amérique. Ensuite nous entrerons dans le Siècle des Lumières, marqué par la naissance de la Révolution industrielle.

Même si nous commençons ce livre avec la Renaissance européenne, cela ne veut pas dire que nous sous-estimons l'héritage du Moyen-Age. Selon le Professeur émérite D. Landes à qui nous reviendrons plus loin, certains ont tendance à considérer la longue période du Moyen-Âge comme une ère de ténèbres, comparée à l'éclat de la Renaissance. Ce n'est pas l'avis des historiens.

En effet, ces derniers affirment que dans le domaine du développement des techniques, le Moyen-Âge a apporté sa contribution. Ils donnent comme exemple l'invention de la roue hydraulique, déjà connue des Romains, mais qui connut un renouveau au 10e et 11e siècle.

Ils ajoutent que l'emploi de la force hydraulique connut d'importants progrès avec la construction de barrages, de retenues d'eau et d'autres tâches comme le broyage de grains ou de métaux.

Les historiens pensent que parmi les facteurs qui expliquent l'intérêt pour la nouveauté et pour le meilleur, cette passion pour l'invention ainsi que cette joie de trouver et d'innover, qui est d'abord européenne, est la recherche de marchés.

Les historiens ajoutent que les voyages et les découvertes faits par les Européens au 15e et 16e siècle, les Portugais en tête car ils ont été les premiers à mettre sur pied la navigation de l'océan, figurent parmi les plus grands événements survenus dans le monde.

Ces voyages et ces découvertes ont sans nul doute marqué un tournant dans le subconscient collectif des peuples européens, ont accéléré la fin du Moyen-Âge, et ont ouvert la porte d'entrée d'une ère nouvelle appelée la Renaissance[1], précise David Landes.

Pour mieux comprendre pourquoi les Portugais se sont lancés dans une si grande et si dangereuse aventure, il est important de rappeler pourquoi la Péninsule ibérique se détourna de la Méditerranée pour se diriger vers les eaux encore inexplorées de l'Atlantique.

Jusqu'au milieu du 15e siècle, un commerce prospère règne autour de la Méditerranée. Les cités italiennes comme Gênes, Venise, Florence ou Milan sont très prospères, elles jouent un rôle prépondérant. Les villes de Gênes ou Venise sont même considérées comme des puissances maritimes, selon Daniela Forni dans son livre, ***L'Âge des grandes découvertes.***

Un vaste réseau de routes commerciales assure les liaisons avec de nombreuses cités espagnoles comme Barcelone, Séville, Valence ou avec des cités françaises comme Marseille. C'est par ces routes que transitent des cargaisons chargées de denrées alimentaires comme les céréales ou les épices venues d'orient, des produits qui étaient considérés alors comme des marchandises précieuses et prestigieuses.

Parmi ces épices tant recherchées, le poivre noir, la cannelle, les noix de muscade ou les clous de girofle sont parmi les plus demandés car nécessaires à la conservation des viandes abattues

---

[1] LANDES S. D, Richesse et pauvreté des nations, Pourquoi des riches ? Pourquoi des pauvres ?
Ed. Albin Michel, P.115, Févr. 2000

à l'automne, viandes destinées à être consommées au cours de l'hiver.

Mais, dès le 14e siècle, les routes d'Orient deviennent de plus en plus impraticables à cause de l'instabilité politique qui fait suite à l'écroulement de l'Empire mongol dont la puissance s'étendait jusqu'aux frontières de la Méditerranée orientale. Le commerce par voie terrestre vers l'Orient devenait très difficile et plein de risques. Il ne restait aux marchands que la voie maritime. Et les marins italiens, génois ou vénitiens, sillonnent la Méditerranée jusqu'en Espagne et même à Lisbonne au Portugal.

Progressivement, la Méditerranée elle-même devient à son tour instable et non sécurisée après la Reconquista espagnole qui chassa les Arabes de la Péninsule ibérique. Il faut rappeler qu'après la mort du Prophète Mahomet en 632 de notre Ère, avec l'accession au pouvoir du Califat des Omeyyades (Famille des successeurs du prophète) et plus tard des Abbassides, les Arabes ont établi leur pouvoir sur l'ensemble du Moyen-Orient jusqu'au golfe Persique, et sur la Péninsule ibérique, occupant l'Andalousie, avec pour capitale Cordoue.

Avec la Reconquista espagnole tout au long des 11e, 12e et 13e siècles (Tolède en 1084, Valence en 1094, Saragosse en 1118, et surtout après la grande bataille de Las Navas de Toloza en 1218, les Arabes ne conservèrent que quelques forteresses côtières de Grenade, de Gibraltar, d'Algosiras et de Tarifa.

Mais, les forteresses arabes autour de Gibraltar à l'ouest de la Méditerranée suffisaient pour couper les liaisons entre les ports italiens de Gênes ou de Venise et les cités espagnoles et portugaises.

Et encore, l'effondrement de l'empire mongol céda la place à la montée en puissance des Turcs et de l'Empire ottoman.

À l'est de la Méditerranée, la poussée des Turcs, venus de l'Asie centrale, essentiellement des hauts plateaux du Turkestan (Stan= pays, terre en Urdu-Perse), c'est-à-dire du pays des Turk, permit à l'Empire ottoman d'occuper la Perse, la Mésopotamie autour de Bagdad, la Palestine et l'Égypte.[2]

---

[2] Forni, Daniela, L'Âge des grandes découvertes, Le sorbier, Paris, 2000 P.20

En 1453, en plein milieu du 15e siècle, Méhemet II le conquérant, dirigeant de l'Empire Ottoman, entra dans la ville de Constantinople, transforma la basilique Sainte-Sophie en Mosquée et proclama Constantinople capitale de l'Empire ottoman sous le nom d'Istanbul. Il s'y installa en 1457 à la fin des travaux de rénovation de la résidence royale.

En faisant un saut de quelque cinq siècles plus tard, l'effondrement de l'Empire ottoman lui-même, et l'évacuation des Turcs de la région des Balkans, sera l'une des causes indirectes de la Première Guerre mondiale, qui a été déclenchée suite à l'assassinat du Prince héritier d'Autriche Hongrie.

Le nationalisme grandissant des Serbo-Bosniaques qui aspiraient à l'autonomie entraîna l'assassinat, par un étudiant bosniaque, de l'Archiduc François Ferdinand, Prince héritier des Habsbourg. S'ensuit la riposte de Vienne qui, croyant étouffer les ambitions serbes et bosniaques, poussa les différents alliés à intervenir, provoquant, ainsi, une guerre que les belligérants espéraient de courte durée mais qui ravagea l'Europe pendant 4 ans[3].

Pour revenir à la Méditerranée du 15e siècle, l'occupation turque des ports méditerranéens eut un impact profond sur la liberté de navigation des navires italiens. Les marchands vénitiens et génois furent obligés d'ouvrir des comptoirs à Istanbul afin d'avoir la protection de l'autorité turque. Face à une telle instabilité sur les routes de la Méditerranée, de nombreux marins italiens, mal à l'aise et incapables de se soumettre aux exigences des pratiques musulmanes, partirent s'installer en Espagne et au Portugal et offrirent leurs services aux souverains locaux.

C'est ainsi que le petit empire du Portugal tira profit de l'arrivée de ces marins très expérimentés.

Rappelons que le royaume du Portugal était relativement jeune. En 1139, Alphonse Enrique, s'était rebellé contre l'autorité d'Alphonse II de Leon et de Castille ; il se proclama Roi du

---

[3] Duroselle, J.B, L'Europe de 1815 à nos jours, Presses universitaires de France, avril 2002, P.162

Portugal. Quarante ans plus tard, en 1179, le royaume du Portugal devint indépendant une fois reconnu par le pape.

Politiquement stable, avec de bons ports sur l'Atlantique, le royaume se sentit petit à petit à l'étroit et éprouva un besoin de nouvelles terres. Ne pouvant se tourner à l'intérieur du continent, c'est-à-dire vers l'Espagne, le Portugal choisit la voie de l'océan, avec ses dangers mais aussi avec de riches promesses.

Conscient que la survie du royaume dépendait beaucoup de la maîtrise de la mer, Henri le navigateur fonda une école de navigation en 1420 afin de rassembler les connaissances sur les mers et sur les océans, ainsi qu'en astrologie.

Et ce furent les marins italiens venus enseigner la navigation aux Portugais comme Marco Polo ou Christophe Colomb qui allaient devenir le fer de lance d'une grande aventure maritime, qui allait bouleverser le monde.

À la recherche de nouvelles terres, les Portugais descendirent au sud des îles Canaries jusqu'à Madère en 1419. La colonisation de l'île de Madère enrichit rapidement le Portugal, d'abord en bois, nécessaire à la construction des navires. Plus tard, la culture de la vigne, des céréales et de la canne à sucre, apporta de nouvelles richesses.

Après 1440, ce fut le tour des Açores. Et en 1445, le Vénitien Alvise ca da Moto, découvrit les îles du cap Vert, explorées et colonisées par l'explorateur génois Antonio Da Noli.[4]

En visite à Funchal en 1478, principal centre habité de l'île de Madère, siège d'un évêché et d'une base militaire, Christophe Colomb, venu de Gênes, découvrit une ville enrichie par le sucre. Il décida aussitôt de s'établir au Portugal et épousa une fille portugaise. Plus tard, il partit proposer ses services au roi de l'Espagne.

Après les îles Canaries et le cap Vert, les Portugais poursuivirent l'exploration des côtes de l'Afrique, ouvrant des comptoirs dénommés successivement Côte de l'or, Côte d'Ivoire, Côte des esclaves...

---

[4] Forni D. L'Âge des grandes découvertes, Op. cit, P. 30

Pour pallier les besoins de main-d'œuvre, surtout dans l'exploitation des terres de Madère et de la culture de la canne à sucre, les explorateurs portugais ramènent au Portugal, à défaut des épices, des cargaisons d'esclaves noirs. Le premier chargement d'esclaves dont on a connaissance arrive à Lisbonne, qui devient rapidement le centre de ce commerce en 1441.

La première quantité importante d'or provenant de Guinée arrive en 1442. Vingt ans plus tard, le Portugal était devenu l'un des principaux fournisseurs d'or en Europe[5].

Afin de résoudre les problèmes de droit, la Couronne portugaise décida, par un acte de découverte, de faire reconnaître sa souveraineté sur ces terres considérées comme inhabitées, car leurs habitants sont des païens et des sauvages dépourvus de civilisation.

Deux bulles papales émises en 1452 et 1454 sanctionnèrent cette règle, et les Portugais se virent attribuer la souveraineté sur des régions inexplorées lors de leur éventuelle découverte. Encouragées par tous ces succès, les explorations portugaises se poursuivirent au cours des années suivantes.

En 1487-1488, Bartholomé Diaz parvint à l'extrémité sud de l'Afrique. Épuisé et effrayé par l'inconnu entourant un si trop long voyage, l'équipage de B. Diaz donna à cette extrémité sud du continent noir le nom de cap de Bonne Espérance et décida de faire demi-tour sans oser poursuivre le chemin conduisant aux Indes, à la recherche d'épices, but principal du voyage[6].

L'objectif ultime d'arriver aux Indes sera atteint dix ans plus tard en 1497, par l'équipage dirigé par Vasco de Gama. Ayant engagé B. Diaz comme l'un de ses capitaines, Vasco de Gamma partit avec un équipage mieux préparé, doubla le Cap de Bonne Espérance, et débarqua sur la côte des Indes.

Arrivés à Calcut, les Portugais se heurtèrent à l'hostilité des autorités locales et au solide réseau commercial des Arabes. Cependant, et malgré toutes ces difficultés, ils réussirent à former un important convoi d'épices et rentrèrent au Portugal. Ils

[5] Forni, D. L'âge des grandes découvertes, op.cit. P.33
[6] Ibidem, P.37

arrivèrent à Lisbonne en 1499, deux ans après leur départ et furent célébrés comme ils le méritaient, c'est-à-dire comme des héros.

Avec ce succès réalisé à l'aube du 16e siècle, l'empire portugais se positionnait sur l'échiquier européen comme une puissance économique incontournable.

L'empire est constitué de 3 parties ; la partie continentale, les colonies sur îles, et une longue chaîne de comptoirs commerciaux le long des côtes africaines jusqu'en Inde. Il est évident que les performances portugaises avaient suscité jalousie et convoitise chez ses voisins européens.

Dans l'entretemps, Christophe Colomb, explorant pour le compte du roi d'Espagne, avait découvert l'Amérique. Obstiné marin Génois très expérimenté, établi à Lisbonne, Christophe Colomb négocia pendant de longues années avec le roi d'Espagne et finit par le convaincre de financer son voyage, lui aussi pour aller aux Indes, mais en passant par l'ouest, puisque la terre est ronde.

Excité, mais aussi jaloux du succès de Bartholomé Diaz qui avait atteint le cap de Bonne Espérance en 1488, Christophe Colomb réussit finalement à obtenir l'aide du roi d'Espagne pour son expédition. Ferdinand d'Aragon, le roi d'Espagne avait été encouragé par le récent succès de la Reconquista qui avait chassé les Arabes de leur dernier bastion de Grenade.

Mais en chassant les Arabes, et en interdisant les pratiques musulmanes sur la terre d'Espagne, Ferdinand d'Aragon n'avait fait qu'aggraver les hostilités autour de la Méditerranée, et fermer cette voie maritime aux navires espagnols.

La nécessité de trouver de nouvelles routes pour les Indes, et de nouvelles richesses comme l'or et les épices, les poussait, lui et son épouse, l'ambitieuse reine d'Espagne Isabelle de Castille, à accepter le risque de financer l'expédition de Colomb.

C'est ainsi que le 3.8.1492, Christophe Colomb et ses 3 caravelles, La Santa Maria, choisie comme le navire de l'Amiral, La Pinta et La Nina, à bord desquelles embarquèrent 130 marins, quittèrent le port de Palos, avec l'objectif d'atteindre l'Orient en passant par la route de l'Ouest en suivant la logique selon laquelle la terre est ronde.

Après une courte escale aux Canaries, les 3 navires repartirent le 8.9 1492, pour affronter la haute mer. Malgré des erreurs de calcul avant le départ, dans la nuit du 11 au 12 octobre 1492, après un mois de navigation, les marins à bord de la Pinta, lancèrent les premiers le cri tant attendu de ‘‘Terre’’. C’est à l’île dénommée plus tard San Salvador, que les 3 caravelles vont accoster, île sur laquelle Christophe Colomb accomplira le rite du Requiermiento, c’est-à-dire Recueillement et Prise de possession de la terre au nom de la Couronne d’Espagne[7].

Depuis cette date, l’empire d’Espagne étendit son règne et sa puissance sur toute l’Amérique centrale et du Sud, du Mexique à l’Argentine, en réduisant au silence les empires aztèque, maya et inca.

Les Portugais poursuivaient leurs explorations. En 1500, ayant pris la direction de l’ouest de l’Atlantique par erreur, c’est-à-dire vers les côtes de l’Amérique du Sud, Pedro Alvarez Cabral débarqua pour le compte du Portugal, sur les côtes de ce qu’il appelle ‘Ilha de Vera Cruz,’ car il se croyait sur une île. La terre était couverte par de vastes étendues de Pan Brazil, un arbre qui fournit une matière colorante de grande valeur et dont la région prendra le nom de Brésil. Les Portugais ne tardèrent pas à fonder la ville de Salvador en 1549, aujourd’hui Bahia, première capitale du Brésil, et la ville de Rio de Janeiro, en 1565.

Pour que les propriétaires des plantations puissent exploiter les vastes étendues de terre, de forêt et de brousse, les indigènes locaux s’étant révélés insuffisants, les Portugais, qui avaient déjà des comptoirs sur les côtes africaines (Sénégambie, Guinée, Angola) commencèrent à exporter des esclaves noirs d’Afrique vers le Brésil. C’est le début de la Traite des esclaves.

Après avoir maîtrisé la route des Indes via l’Atlantique et ouvert la voie de l’Ouest vers le nouveau monde, les autres peuples européens comme les Anglo-Saxons, les Hollandais, ou les Français, conscients des retombées économiques et d’importantes richesses que portugais et espagnols tiraient de ces nouvelles possessions, se mirent eux aussi à envoyer des

[7] Forni, D. Op. Cit. P.49

missions d'explorations dans toutes les directions en vue de conquérir eux aussi de nouvelles terres.

Pour le compte du Roi de France François 1er, la caravelle du Florentin Giovanni Da Verrazano prit le départ en 1524 et explora les côtes entre la Floride et la rivière Hudson (Actuel New York). Dix ans plus tard, en 1535, Jacques Cartier, dont les Canadiens et surtout les Québécois honorent la mémoire, débarqua dans l'île de Terre neuve et explora le golfe du St-Laurent, et rencontra pour la première fois les Hurons[8].

C'est aussi par l'intermédiaire des marins italiens que la couronne britannique envoie ses premières missions exploratoires.

Après le retour triomphal de Christophe Colomb, le Vénitien Jean Cabot (Giovanni Caboto), puis son fils Sébastien en 1508 et en1509, à bord d'une caravelle battant pavillon anglais, explorèrent le golfe du Saint-Laurent et les côtes du Labrador.

Mais c'est davantage sous l'impulsion du pirate anglais Francis Drake parti en 1577 que les Anglais entreprirent leurs véritables premières conquêtes en Amérique du Nord. Protestant convaincu et haïssant tout ce qui vient des empires chrétiens catholiques comme l'Espagne, le pirate et navigateur Francis Drake fut plus tard anobli par la reine Élisabeth 1re comme récompense et reconnaissance de ses réalisations.

Comme on peut déjà le constater, le 15e siècle qui coïncide avec la fin du Moyen-Âge, et le début du 16e siècle, connu dans l'histoire comme le début de la Renaissance, qui fut suivi par le Siècle des Lumières, fut un tournant marquant dans l'histoire du monde occidental. Il a été bouleversé par toutes ces nouvelles découvertes, ces nouvelles routes vers de nouveaux mondes, et ces nouvelles richesses qui suscitaient convoitise de puissance et de domination.

Dans l'inconscient collectif des peuples européens, au sein desquels la récente découverte de l'imprimerie par Gutenberg permettait la diffusion des connaissances, il devenait clair que rien ne serait plus comme avant.

---

[8] Ibidem P.84

Comme la guerre a souvent accompagné la civilisation, ce désir de puissance a entraîné le développement de la technologie militaire et de la métallurgie. Dès la moitié du 15e siècle, les progrès en métallurgie permettent de fondre les métaux et de fabriquer des projectiles de fer ou de plomb ainsi que des canons de plus en plus puissants.

Les canons sont pour la plupart en bronze, un alliage de cuivre et étain, ou en fer. C'est grâce à ces canons en fer que les vaisseaux anglais arrivent à vaincre la lourde flotte espagnole dénommée l'Invincible Armada en 1588[9].

Après la défaite de l'Invincible Armada, c'est-à-dire la victoire des Anglais sur les Espagnols dans l'océan Atlantique, victoire survenue à l'aube du 17e siècle qui sera celui de l'établissement des premières colonies en Amérique du Nord, il devient de plus en plus clair qu'un renversement des équilibres se dessine sur la scène politique et économique européenne.

Avec la découverte de ces nouvelles routes commerciales, et de ces nouvelles richesses, les nations européennes profondément attachées au catholicisme romain comme l'Espagne, le Portugal et un peu la France, sont progressivement distancées par rapport aux peuples anglais et hollandais, ou suédois, qui sont convertis au protestantisme et à ses variantes calviniste ou presbytérienne.

Le protestantisme s'accompagne de nouvelles valeurs d'économie, d'attachement au travail et de curiosité vis-à-vis du savoir et des nouveautés scientifiques. La puissance commerciale par voie maritime se déplace pour se concentrer autour des ports de Londres, d'Amsterdam et même du modeste port d'Anvers en Belgique.

Les marchands de Londres ont même obtenu de la reine Élisabeth 1re, dès le 31.12.1600, l'acte constitutif de ce qui deviendra la Compagnie nationale des Indes orientales. Quelques années plus tard, les Anglais vont fonder en 1641, la cité appelée ''Fort St Georges'', actuel Madras, à la pointe sud de l'Inde. Mais les Anglais se battent sur plusieurs fronts.

---

9 Forni, D. op. cit P.99

Dès l'année 1606, la Compagnie pour la colonisation de la Virginie, en Nouvelle-Angleterre, a été mise sur pied. Entre 1620 et 1642, les Anglais s'installent en grand nombre en Amérique du Nord. Des colonies anglaises naissent en Virginie, à Plymouth au Massachusetts, en Caroline du Nord, et en Pennsylvanie, colonies auxquelles s'ajouteront petit à petit d'autres encore.

Avec ses nouvelles colonies fondées en Amérique du Nord, ses ports en Inde et dans le reste du Pacifique, soutenue par la domination de sa puissance maritime, l'Angleterre démarre une ère nouvelle qui prépare l'émergence de la Révolution industrielle.

Et chose remarquable qui montre l'incroyable avance du peuple britannique par rapport au reste du continent européen, l'Angleterre réussit, en plein milieu du 17e siècle, la Glorieuse Révolution qui conduisit à la victoire de la démocratie parlementaire britannique alors que l'absolutisme règne encore partout sur le continent européen.

Les bouleversements commencèrent en 1625 lorsque le roi Charles 1er hérita du trône en remplacement de son père Jacques 1er. Le nouveau roi voulut exercer un pouvoir qu'il croyait tenir de droit divin, de façon absolue. Mais le parlement britannique ne voulait plus d'absolutisme. Une épreuve de force s'engagea, aggravée par les divergences religieuses entre catholiques et protestants.

La révolte des catholiques irlandais en 1641, contre la domination des protestants aggrava le schisme entre le parlement britannique et la Couronne. La crise s'accrut et le roi tenta d'intervenir par la force. Il fit irruption dans la Chambre des communes pour arrêter certains parlementaires qu'il accusait de trahison. La crise s'aggrava encore plus au point d'aboutir à la guerre civile en 1642.

Au bout de 4 ans d'affrontement, la fraction la plus militante de la Chambre des communes remporta une victoire totale. Le roi Charles 1er, déclaré ennemi du peuple, fut exécuté. On est en 1649. La Chambre des Lords fut supprimée. Olivier Cromwell, un parlementaire putschiste, s'installa au pouvoir et instaura une sorte d'État républicain avec le titre de Lord protecteur[10]. Selon les historiens, Cromwell fut craint mais ne réussit jamais à se faire aimer. Il mourut en 1658. Deux ans après sa mort, en 1660, la noblesse terrienne et la bourgeoisie aisée invitèrent le fils du roi exécuté à rentrer d'exil et lui offrirent le trône.

Le nouveau souverain monta sur le trône sous le nom de Charles II. Affaibli par la façon dont il venait de retrouver le Trône, Charles II était obligé de se montrer conciliant. Il renonça à certaines prérogatives royales, accepta l'abolition des tribunaux d'exception, et lui-même n'échappa plus au droit commun anglais comme les autres citoyens. C'était là des concessions difficiles à avaler pour un monarque, des concessions proches de l'humiliation selon certains, mais il les accepta car, disait-il, il n'avait aucune envie de reprendre le chemin de l'exil.

C'est au cours de ces années d'agitation et de guerre civile, des années de la Glorieuse Révolution, que de nombreux Anglais partirent s'installer dans les nouvelles colonies d'Amérique, en Nouvelle-Angleterre.

À la mort du roi Charles II en 1685, son fils et successeur Jacques II refusa ces compromis. En plus d'être un ardent catholique romain, contrairement à la nation britannique convertie presque entièrement au protestantisme, le nouveau roi voulut imposer son autorité afin de soumettre l'église et la nation.

Effrayé par ce risque d'un retour en arrière, le peuple le chassa de lui-même. Le parlement s'assembla et déclara sa destitution.

Il offrit ensuite le trône à sa fille Marie et à son mari Guillaume d'Orange, d'origine hollandaise. Ce fut la Glorieuse Révolution de 1688. La Constitution britannique fut habilement remaniée. La Déclaration des droits, ayant reçu l'agrément des nouveaux monarques, assura définitivement la suprématie du parlement sur la monarchie.

Cette nouvelle Charte privait en même temps le roi du pouvoir de dissoudre le parlement. C'était là une importante victoire obtenue par le peuple sans passer par une nouvelle guerre civile,

---

[10] La Grande-Bretagne, Peuples et Nations, Ed. Time-Life Books, B.V, imprimé en Espagne, décembre 1985, P.49

et un pas remarquable vers la démocratie parlementaire. La forme du serment prêté par le roi lors de son couronnement était claire et sans équivoque. Il jurait de gouverner conformément aux lois votées par le parlement. Celui-ci profita de ce moment pour perfectionner l'arme de contrôle sur la monarchie, à savoir « les finances publiques ». Le parlement s'engagea à verser au Roi une somme annuelle pour couvrir les dépenses de la Cour et du gouvernement civil.

Ainsi donc, à la fin du 17e siècle, l'Angleterre se dotait de solides pratiques constitutionnelles, ayant mis fin à l'absolutisme monarchique encore en vigueur partout en Europe continentale. Il faut dire que l'élite parlementaire britannique sortait pour la plupart de ses membres, des célèbres Collèges d'Oxford et de Cambridge qui avaient été créés entre 1249 et 1289.

La Glorieuse Révolution de 1688 évita à l'Angleterre les violents conflits révolutionnaires que connaîtront la France 100 ans plus tard (1789) et la Russie Tsariste en 1917. Vingt ans après la Glorieuse Révolution, plus exactement en 1707, fut signé le Traité entre les parlements anglais et écossais unissant les deux pays sous le nom de Grande-Bretagne. L'Irlande viendra s'ajouter après le tracé des nouvelles frontières européennes en 1815, survenu après la victoire des troupes britanniques commandées par le Duc Wellington sur celles de Napoléon Bonaparte.

Après la formation de la Grande Bretagne, formation survenue suite à l'union de l'Angleterre et de l'Écosse, une grande nation, qui allait devenir le berceau de la Révolution industrielle, et le point de départ de la grande transformation du monde vers la modernité, était née.

2. Naissance de la Révolution industrielle en Angleterre

La grande transformation économique et sociale qui devait conduire à la suprématie de l'Europe sur le reste du monde s'est produite au cours du 18e et 19ème siècles. Selon les historiens, l'industrialisation de la plus grande partie du continent européen était pratiquement réalisée en 1900. L'hégémonie européenne sur le reste du monde était un fait accompli. L'atelier de l'artisan était remplacé par l'usine de production en série. La vapeur et l'électricité avaient remplacé les sources d'énergie traditionnelles comme l'eau, le vent ou le muscle de l'homme.

La révolution industrielle fit apparaître une nouvelle classe de professionnels appelés promoteurs, financiers, chefs d'entreprise, ingénieurs, techniciens, inventeurs, etc.

Les personnes qui sont nées au cours du 20e et du 21e siècle, qui voient les avions voler dans le ciel, des automobiles rouler sur des routes goudronnées, qui se nourrissent d'aliments chauds comme une pizza sortie directement du four de cuisson, des boissons froides sorties du réfrigérateur, prennent ces marques de progrès pour acquises. Elles ne se posent pas de questions et n'ont même plus besoin de s'émerveiller devant la toute-puissance de l'homme et sa maîtrise relativement bonne sur la matière.

Pour les hommes et les femmes vivant à l'ère d'internet et des réseaux sociaux, le génie humain n'a presque pas de limites. Mais pour les habitants des pays pauvres, vivant encore de maigres fruits d'une agriculture de subsistance, à la merci des intempéries et des caprices du ciel, dépendants du soleil et de la pluie, les progrès obtenus grâce à la maîtrise de la science et du développement des technologies, sont encore loin, très loin, dans le domaine du rêve. C'est pourquoi, pour ces peuples, il est important de comprendre comment l'industrialisation de l'Occident, et aujourd'hui de la Chine et d'une grande partie de l'Asie du Sud-Est, a été réalisée, car rien n'est tombé du ciel.

Il est évident que la Révolution industrielle a été un processus long et s'est déroulée sur plusieurs étapes. Nous parlerons d'abord des plus grandes étapes. La première étape, du fer, du charbon, de la locomotive et du chemin de fer a duré presque 150 ans, allant de 1700 à 1850. Disons que c'est la première génération de la Révolution industrielle.

La deuxième étape, celle de l'acier, de l'électricité, de l'industrie chimique et de l'automobile, a été plus rapide ; elle n'a pris que quelque 50 ans, soit approximativement de 1850 à 1900. Avant d'entrer dans le détail, il est important d'avoir une idée générale de ce cheminement, ou de ce processus révolutionnaire.

Dès la 2e moitié du 18e siècle, en Angleterre, une série d'inventions importantes révolutionna la fabrication de textiles, la métallurgie et les transports. Des mécaniciens expérimentés et des artisans inventèrent de nouveaux procédés de production de la fonte et d'affinement du minerai de fer. Même les moyens de production de l'acier au creuset furent découverts. Déjà, au cours de la 2e moitié du 18e siècle, de grandes inventions de la technologie comme la presse hydraulique, l'alésage de cylindre, le marteau à vapeur, la règle à mesurer, et le calcul de précision étaient devenus des réalités pratiques, selon Mantoux.

Arrivées au milieu du 19e siècle, des techniques nouvelles de la fabrication de l'acier étaient inventées ; elles allaient permettre la production massive d'un métal de très bonne qualité.

Après quelques années, la turbine à vapeur, le moteur à combustion interne, et le moteur électrique entraient en concurrence avec la machine à vapeur alternative. En chimie, des progrès rapides aboutissaient à la création des matières plastiques, et des produits pharmaceutiques. Mais, le développement de l'industrie lourde est conditionné par l'existence de moyens de transport très pratiques. C'est pourquoi, l'ensemble des pays occidentaux a mis un effort particulier sur l'aménagement des chemins de fer.

La construction des premières lignes de chemin de fer, dès les années 1830-1840, en Angleterre, aux États-Unis d'Amérique, en Allemagne ou en Belgique, alors que la Révolution industrielle était encore jeune, a été le facteur déterminant qui accéléra la maturité de la révolution et la progression économique de l'Europe.

Encore une fois, la Grande-Bretagne avait pris les devants, en inaugurant sa première ligne de chemin de fer ouverte aux voyageurs (Stockton-Darlington) en 1825. Cette avance lui permit d'être consultée par le reste de l'Europe et même par l'Amérique, puis de leur vendre du matériel, en attendant de les fabriquer sur place.

Placée à la croisée des routes européennes, la Belgique qui accéda à l'indépendance en 1830, comprit très tôt l'intérêt de se doter des voies ferroviaires, entreprit aussitôt d'établir un réseau de chemins de fer.

Comme le Royaume de Belgique possédait d'importants gisements de houille, dans ses vallées de la Sambre et de la Meuse, la construction des chemins de fer fut facilitée par sa rapidité à fondre le fer.

Ayant appris l'ouverture des lignes de chemin de fer en Angleterre, l'Allemagne à son tour ne perdit pas de temps. Quoique non encore unifiée à cette époque, et agissant sous l'impulsion de la Prusse, elle s'empressa de son côté de construire un vaste réseau de voies ferroviaires reliant les différentes villes allemandes. Et la demande croissante de rails favorisa une expansion rapide de l'industrie métallurgique allemande.

Par rapport à ses voisins et rivaux, la France tarda un peu à construire ses premières lignes de chemin de fer. Ce fut seulement après les guerres napoléoniennes qu'une loi fut promulguée en 1842, ouvrant la voie à la construction d'un réseau de chemin de fer ayant Paris pour centre. Et les lignes Paris-Rouen-le Havre, ainsi que la ligne reliant Paris à Lille et Calais, furent parmi les premières à être achevées[11]. Bien entendu, ce retard accumulé par la France eut des répercussions indirectes sur l'industrie métallurgique française et sur son armement.

Les Français en eurent la preuve lors de la guerre perdue contre la Prusse (1870-1871) car l'armée prussienne, commandée par les

---

[11] HENDERSON, W.O : La révolution industrielle (1740-1914), Flammarion, 1970, P.21

généraux Von Roon au ministère de la guerre et Von Moltke à la tête de l'état-major général, disposait d'un armement de loin supérieur à celui de la France. Cette défaite, inattendue et brutale, resta longtemps amère pour les Français.

Elle causa la chute de l'Empereur Napoléon III. Elle fut d'autant plus douloureuse qu'elle donna naissance à la proclamation de l'Empire allemand le 18 janvier 1871, à la Galerie des Glaces de Versailles, et entraîna l'annexion de l'Alsace et une partie de la Lorraine, annexions qui devaient cimenter l'unité allemande ainsi réalisée[12].

Dans un délai de seulement 40 ans, plus exactement de 1830 à 1870, un vaste réseau de voies ferrées recouvrait pratiquement toute l'Europe occidentale. Les techniciens du réseau ferroviaire planifiaient déjà la construction d'autoroutes, de tunnels et de voies souterraines. Toutes ces réalisations, chaque jour plus gigantesques, accroissaient la demande et la pression sur les industries surtout métallurgiques. Elles poussaient les pays à s'engager dans une course effrénée vers l'aventure coloniale, afin d'aller exploiter des ressources dans les territoires colonisés.

---

[12] DUROSELLE J.B, L'Europe de 1815 à nos jours, PUF, 2002, P.138

3. Les inventions marquantes de la 1re phase de la Révolution industrielle

L'industrialisation de l'Europe, qui entraîna une transformation profonde dans les modes de production et, partant, des conditions de vie en Occident et, petit à petit dans le reste du monde, constitue l'un des plus grands événements qui ont marqué l'histoire de l'humanité jusqu'à nos jours.

C'est pourquoi l'événement n'a jamais cessé d'attirer la curiosité des auteurs, économistes et historiens, journalistes et autres penseurs depuis la naissance de la révolution jusqu'à aujourd'hui. Pour la suivre de près, Karl Marx (1818-1883) et son ami Friedrich Engels (1820-1895) n'ont pas hésité à quitter leur Allemagne natale pour aller vivre en Angleterre ou à Paris, afin de côtoyer de près le berceau de la révolution et suivre son mouvement qui de toute évidence allait bouleverser l'histoire du monde.

C'est grâce à ces différents chercheurs et auteurs que l'héritage de cet événement extraordinaire fut transmis jusqu'à nous. Parmi ces auteurs, W.O Henderson, dont l'ouvrage magistral, *L'industrialisation de l'Europe*, est certainement l'un des plus complets qui ont été écrits à ce sujet. L'auteur distingue deux étapes majeures des inventions modernes qui ont marqué la Révolution industrielle.

Il situe la première étape de 1700 à 1850. Selon ses recherches, cette étape fut dominée par le charbon (houille), par le fer et par la vapeur. Au cours de cette étape, l'atelier de l'artisan disparut progressivement pour céder sa place à l'usine. En même temps, la place de l'entreprise individuelle se réduisait au profit de la société anonyme par actions, qui est plus puissante en termes de capitaux.

Il situe la deuxième étape de 1850 à 1914 au moment de la Première Guerre mondiale. Cette étape coïncide avec l'unification des pays comme l'Allemagne ou l'Italie. Elle est associée à la production de l'acier et de l'électricité, du moteur à combustion interne et de l'automobile, ainsi qu'aux importants progrès dans les connaissances scientifiques expérimentées en laboratoires et appliquées dans la production industrielle. Pour faire face aux importants besoins de capitaux, cette étape a vu se former de grandes entreprises qui, plus tard, deviendront des Trusts et des Multinationales.

Au cours de la première phase de l'industrialisation en Grande-Bretagne, les inventions qui ont servi de moteur et qui ont frappé l'imagination furent celle de la machine à vapeur, des nouveaux métiers à tisser, ainsi que des nouveaux procédés dans la fusion et le traitement des métaux. Ces progrès furent réalisés grâce à la conjugaison d'efforts entre les promoteurs et les artisans.

Il est admis par tous que les inventions ne tombent pas du ciel, mais viennent souvent répondre à un besoin. Le recours à la vapeur et la découverte du rôle considérable qu'elle pouvait jouer n'échappent pas à cette règle. Au début du 18e siècle, autour des années 1700, la pénurie du bois de chauffage menaçait de provoquer une baisse catastrophique de la production de la fonte brute, et les mineurs s'inquiétaient sérieusement.

Comme ils tentaient de trouver d'autres alternatives, un bon matin, Abraham Darby, à Coalbrookdale, découvrit le moyen de faire fondre le minerai de fer au Coke. C'était là une invention qui allait avoir de grandes conséquences. Mais Darby, qui ne réalisait peut-être pas la portée de son procédé, ne prit pas de brevet et son invention tarda à se diffuser. Comme le procédé de Darby ne produisait que de la fonte brute, il ne présentait pas beaucoup d'intérêt pour les maîtres des forges spécialisés dans la fabrication de fer en barres, de fonte malléable ou de fer forgé. Le procédé de Darby nécessita plusieurs améliorations et mit plus de 50 ans avant d'aboutir au procédé combinant puddlage et laminage, qui était alors utilisé dans les hauts fourneaux du sud du pays de Galles et dans différentes régions sidérurgiques.

Un progrès important conduisant à la fabrication de l'acier fut réalisé vers 1740 par Benjamin Huntsman qui trouva une méthode pour produire de l'acier fondu au creuset. Vers la fin du 18e siècle, autour des années 1790, plusieurs fabricants de Sheffield produisaient de l'acier fondu au creuset. Et la technologie se répandit rapidement. En 1800, plusieurs fabricants, dans différents pays, Samuel Walker ou David Mushet en Angleterre, le métallurgiste suisse J.C. Fischer, Friedrich Krupp à Essen en Allemagne, Poncelet à Liège en Belgique, produisaient de l'acier fondu.

En France, la première usine importante à fabriquer de l'acier selon la nouvelle méthode sera montée par James Jackson près de St-Etienne après les guerres de Napoléon, c'est-à-dire après 1815. Mais le plus grand mérite dans la technologie de raffinage du fer est associé au nom de Henri Cort (1740-1800) qui déposa un brevet en 1783-84, pour un procédé combinant puddlage et laminage. Il reste considéré comme le père de la sidérurgie britannique.[13]

Malgré un nouveau procédé pour faire fondre le fer au moyen du coke pour pallier la baisse inquiétante du bois de chauffage utilisé jusque-là afin d'obtenir la fonte, un autre problème important se posait aux mineurs de Grande Bretagne. Que ce soit dans les mines de charbon de New Castle ou dans les mines d'étain et de cuivre de Cornouilles, le même problème se posait. Il fallait trouver des pompes capables de donner un meilleur rendement pour faciliter l'extraction du charbon.

C'est dans le but de résoudre ce problème que Thomas Savery déposa un brevet pour une pompe à vapeur. Ladite pompe est décrite dans une petite brochure (L'ami du mineur) en 1702. Mais la pompe de Savery n'était pas assez puissante pour donner entière satisfaction aux mineurs. D'autres artisans continuèrent à y travailler afin d'obtenir un meilleur rendement.

C'est ainsi que, quelques années plus tard, Thomas Newcomen inventa une machine atmosphérique accouplée à une pompe, devenant ainsi plus puissante. La pompe de Newcomen fut installée pour la première fois à Walsall sur la route de Wolverhampton en 1712. Du Staffordshire, elle se répandit dans d'autres régions de l'Angleterre et sur le continent européen, jusque dans les mines de Londelinsart près de Charleroi en Belgique et dans les mines de Dannemora en Suède.

Cinquante ans plus tard, vers 1760, il fut demandé, à un mécanicien écossais de Glasgow appelé James Watt, de réparer une de ces machines de Newcomen. James Watt put alors évaluer les faiblesses de la machine à vapeur. Il décida d'adjoindre à la

[13] HENDERSON, W.O, Op. cit, p.36

machine un condensateur et une pompe à vapeur. Par cette méthode, James Watt transforma radicalement la machine atmosphérique en une véritable machine à vapeur de telle sorte que ce fut la pression de la vapeur(condensée) qui fournissait la force motrice, et non plus la pression atmosphérique. Un pas de géant venait d'être franchi, et le nom de Watt entra dans l'histoire. Vingt ans plus tard, en 1782, Watt inventa une machine à mouvement rotatif qui connut des applications beaucoup plus nombreuses que sa première machine à vapeur.

Depuis lors, des pompes à vapeur et des machines à mouvement rotatif construites par la firme Boulton et Watt traversèrent les frontières et furent installées dans les mines de charbon à Jarry près de Nantes, et à Hetstett en Allemagne par exemple. La machine de Watt connut à son tour plusieurs améliorations. Après 1800, d'autres machines à haute pression firent leur apparition, notamment celle construite par l'ingénieur américain Jacob Perkins.

- De la fusion du fer à la construction des chemins de fer

Les chemins de fer sont nés des voies de tramways des mines. Depuis les années 1500, le minerai de fer, dont le besoin se faisait sentir pour la fabrication de canons et d'autres armes, était transporté dans de petits chariots poussés à bras et roulant sur des planches parallèles posées sur des sols souvent couverts par une boue trempée.

Dans de nombreux pays africains, même aujourd'hui, des ouvriers qui travaillent sur des chantiers de construction sont habitués à pousser des brouettes chargées de gravier, de sable, de briques, de pierres ou de terre sur ce genre de planches parallèles. Ce mode de transport était très courant dans les mines de Cornouailles tout au long du 16e et début du 17e siècle.

Autour des années 1603-1604, Huntington Beaumont installa des rails en bois dans la mine de Wollaton près de Nottingham. Et vers 1700, de nombreux railways de ce genre avaient été établis dans les mines. Les wagonnets étaient remorqués par des chevaux. Entre 1768 et 1771, Richards Reynolds remplaça aux forges de

Coalbrookdale les chemins de bois menant à Ketley par des triangles de fonte pourvus d'un rebord intérieur. Quelques années plus tard, les rails furent fabriqués en fer malléable au lieu de la fonte. Et le rebord fut transféré du rail à la roue. Les voies ferrées devenaient depuis lors une réalité.

La plupart des voies ferrées étaient construites par des entreprises privées pour desservir les mines, les carrières, les fonderies, et d'autres établissements industriels. Ce n'est qu'au début du 19e siècle, plus exactement en 1804, que des lignes admettant les voyageurs, notamment la ligne reliant Swansea à Mumbles, furent ouvertes. Ce n'était qu'un début.

Des locomotives plus perfectionnées furent construites quelques années plus tard. Elles se généralisèrent progressivement. Les locomotives construites par Georges Stephenson et son fils Robert dans leurs ateliers installés près de New Castle, étaient reconnues comme supérieures à toutes les autres de ce temps-là.

Elles furent utilisées sur les premiers chemins de fer établis en Angleterre en 1825, en Belgique, en Allemagne en 1835, au Canada en 1836 et aux États-Unis à la même période. En France, la première locomotive utilisée sur la ligne reliant St-Etienne à Lyon fut construite par Marc Séguin en 1831.

À côté des chemins de fer et des chantiers maritimes, d'autres inventions majeures à caractère révolutionnaire étaient faites tout au long du 18e siècle. Les noms devenus légendaires, comme John Kay (1733) Richard Arkwright (1769), James Hargreaves (1760), Samuel Crompton (1779), ou Edmund Cartwright (1784) marquèrent de leur encre indélébile l'industrie anglaise du textile. Leurs inventions géniales restent associées à l'histoire de la Révolution industrielle, et sont inscrites dans la mémoire des générations ultérieures.

Si des artisans, des mécaniciens, des maîtres des forges ont été à l'origine des inventions des premières machines et techniques, les améliorations progressives ont été apportées par des ingénieurs. Au fur et à mesure que des inventions majeures, résolument révolutionnaires comme l'utilisation de la vapeur en tant que source d'énergie, comme la fonte et le raffinage du fer ou la construction de nouvelles machines apparaissaient sur le marché, il était normal qu'une nouvelle classe de techniciens formés dans les écoles se mette à émerger.

Le développement des techniques de construction mécanique étroitement associées aux progrès dans la production du fer et de l'acier faisait appel à des connaissances plus poussées dans les domaines du génie civil, mécanique et métallurgique et même chimique. Encore une fois, les Britanniques assumèrent le leadership et ouvrirent la voie.

C'est ainsi que des entrepreneurs des routes comme Metcalfe ou McAdam, des hydrauliciens habiles comme Sorocold, des ingénieurs comme John Sweaton qui imagina un dispositif de soufflerie pour les hauts fourneaux, Mandsley qui établit des tours à métaux ou à filetage de précision standardisée, ou encore le grand ingénieur Marc Isambard Brunel à qui on doit le chef-d'œuvre du génie civil que fut le 1er tunnel construit sous la Tamise, entrèrent en action et accomplirent des actes qui sont restés des cas d'école dans les différents domaines de l'ingénierie. Ils ont laissé un héritage qui est passé à la postérité et leurs noms servent toujours de référence dans les ouvrages d'enseignement. De nombreux ingénieurs ou entrepreneurs britanniques importèrent un grand nombre de ces inventions en France, en Belgique, et dans les autres pays du continent.

Mais, tout au long du 19e siècle, surtout après les guerres de Napoléon, des ingénieurs français, belges, suisses ou allemands, prirent le relais et prouvèrent qu'ils pouvaient égaler ou même dépasser leurs anciens mentors de l'école britannique. Il est évident que chaque invention mise à jour en Grande-Bretagne était immédiatement diffusée dans les colonies américaines du Massachusetts, de New York ou Pennsylvanie. Ce qui fit que l'industrialisation de l'Amérique, surtout le long des Grands Lacs, suivit le rythme de l'industrialisation en Europe.

- Le triomphe du machinisme révélé au monde lors de l'Exposition internationale de Londres en 1851

Arrivée sur le trône en 1837, en plein essor de la Révolution industrielle, la reine Victoria, fière de son pays et de son peuple, veut montrer au monde la puissance britannique en matière de production industrielle. L'effervescence de la Révolution industrielle secoue toute l'Europe et fait sentir à tous que la société est entrée dans une ère nouvelle. Bien sûr la rupture avec l'ordre ancien et l'orientation vers la nouvelle société industrielle s'accompagnent de beaucoup de souffrance et d'un exode massif vers les centres urbains et industriels. Mais la promesse de l'abondance matérielle alimente l'espoir d'aller vers des jours meilleurs. La Grande-Bretagne organisa alors la première Exposition internationale de Londres en 1851.

Organisée sur le thème du progrès, l'exposition avait pour but de présenter les réalisations industrielles de tous les pays. Le progrès occupait une grande place dans les esprits du 19e siècle. En effet, devant les progrès déjà réalisés, devant les nouvelles sources d'énergie qui avaient remplacé les muscles de l'homme, devant les machines et les moteurs, devant les chemins de fers, devant les nouveaux moyens de transports et de communication, devant les nouveaux équipements des ménages comme la cuisinière à Gaz ou le réfrigérateur, les hommes et les femmes du milieu du 19e siècle voyaient un ordre nouveau s'instaurer, non seulement dans l'industrie, mais aussi dans l'économie, la politique et les sciences[14]. Selon le mot du prince Albert lui-même, le mari de la reine Victoria, l'exposition de 1851 devait donner une démonstration et une image vivante du degré d'évolution auquel est parvenu l'ensemble de l'humanité.

Érigé dans Hyde Park, le Palais de Crystal qui devait abriter l'exposition couvrait près de 8 hectares. À lui seul, le Palais de Crystal, avec toute sa splendeur, montrait la prééminence de la Grande-Bretagne. Même si la Révolution industrielle commençait à gagner d'autres nations, la Grande-Bretagne était encore de loin en avance.

La Belgique, à cette époque, pouvait s'enorgueillir d'un magnifique réseau ferroviaire. En France, les filatures d'Alsace

---

[14] BURCHELL S.C, L'âge du progrès (Les grandes époques de l'homme) Ed. Time-Life International, Nederland, 1967 P.10. Samuel C. Burchell a été chargé de cours d'Anglais à Yale. Il est un spécialiste de l'Angleterre de l'époque victorienne.

travaillaient à toute vapeur, mais la France ne possédait guère d'autres industries. Pour les Anglais, malgré les mines de la RUHR qui produisaient du charbon en grande quantité, l'Allemagne n'était encore qu'une confédération anarchique d'États qui se jalousaient. Les jeunes États-Unis d'Amérique venaient à peine de mettre les bases de leur développement industriel en mouvement, lequel mouvement allait provoquer la guerre civile de 1861 à 1865.

La Grande-Bretagne, à cette date, s'estimait encore sans concurrence. Elle était la seule à réunir les conditions suffisantes et à disposer des finances prospères et bien organisées. Même si l'industrie britannique avait beaucoup à montrer aux visiteurs, les faveurs du public allaient vers la salle des machines d'où montait un vacarme assourdissant.

On y voyait des locomotives, des machines de navires, les presses hydrauliques, et les métiers mécaniques, une presse à imprimer, et tant d'autres nouveautés qui gonflaient de joie le cœur des anglais devant la réussite de leur pays[15]. Il y avait de quoi faire rêver. La Grande-Bretagne comptait déjà plus de 10 000Kms de voies ferrées, près du triple du réseau français et du double du réseau allemand.

Même si la majorité des merveilles exposées étaient britanniques, il y avait quand même plus de 6500 exposants venus de l'étranger. Selon les observateurs, seule la Belgique, à cette date de 1851, avait un taux de développement comparable à celui de la Grande-Bretagne.

La Belgique faisait un bon usage de ses gisements de houille, de fer, de zinc et de marbre, et 10% de sa population travaillaient déjà dans les usines de fabrication des produits chimiques, de machines, et de textiles. La France qui, pourtant, ne manquait pas de talents accusait visiblement un certain retard surtout dans le domaine de l'industrie lourde.

L'Allemagne, non encore unifiée, et divisée en 39 petits États, où l'industrie commençait à peine à se développer, ne montrait pas encore de signes qui laissaient présager qu'elle allait devenir la première puissance industrielle du continent quelque 40 ans plus

---

15 L'Âge du Progrès, op. cit., p.15

tard, vers les années 1890. De Berlin, l'ébauche d'un réseau ferroviaire en était à ses débuts.

Mais, pour certains observateurs, l'Allemagne exposait au Palais de Crystal quelques réalisations qui allaient rapidement prendre une importance considérable. Les fils télégraphiques isolés de Werner Von Siemens, qui permettraient bientôt l'installation du câble transatlantique, et un canon de six en acier coulé, fabriqué par Alfred Krupp à Essen, qui obtint un une médaille d'or et un succès immense[16]. Les deux exposants, Von Siemens et Krupp, allaient rapidement devenir des groupes industriels géants de renommée mondiale.

Les jeunes États-Unis d'Amérique, débordant d'assurance et d'optimisme, n'avaient pas encore grand-chose à exposer.

Thomas Edison n'avait pas encore inventé ses filaments à incandescence, tandis que du matériel en caoutchouc fabriqué par Good Year à New Haven était encore à un stade très jeune.

Par contre, deux envois trahissaient le futur génie industriel des États-Unis. Une demi-douzaine de fusils révélait à l'Angleterre le système de la production en série de pièces interchangeables et la moissonneuse de Cyrus McCormick dont le brevet remontait à 1834 et qui allait révolutionner l'agriculture en Amérique et en Europe. Ces deux produits laissaient penser que l'optimisme des Américains n'était pas une simple fanfaronnade.

Pour la première fois dans l'histoire, l'œuvre des hommes du monde entier se trouvait rassemblée en un même endroit. La grande exposition fut un événement aux répercussions profondes particulièrement sur le développement des connaissances scientifiques et sur leurs applications industrielles.

Même si quelques personnes voyaient, dans le progrès matériel apporté par la Révolution industrielle, une menace pour la religion et pour la dignité humaine selon le Pape Pie IX, la majorité de l'opinion partageait l'optimisme du Prince Albert. Les immenses possibilités de la machine donnaient beaucoup de pouvoir à

[16] L'Âge du Progrès, op. cit., p.15

l'homme et lui permettaient de conquérir un monde matériel rêvé comme sans limites[17].

L'Exposition internationale de Londres révélait au monde le triomphe de la machine, qui libérait définitivement l'homme et lui donnait d'immenses possibilités. La beauté des machines signifiait la rupture avec un monde ancien et incarnait incontestablement l'avenir. L'exposition de Londres sonna comme un réveil. Elle donna un coup d'accélérateur et l'Occident se lança dans une course effrénée. Depuis cette date, la Révolution industrielle sortit de sa jeunesse et entra dans la maturité en intégrant davantage la science comme nouvelle source motrice d'inventions techniques et de technologies.

À l'époque de la grande exposition de 1851, la foi incontestable de l'homme dans le progrès tenait à l'enrichissement de ses connaissances scientifiques. La science générait de grandes idées qui permettaient à l'homme de mieux étudier la nature et lui ouvrait la voie à une nouvelle méthode d'inventions, celle des sciences appliquées. Dans la foulée, le savant russe Dimitri Mendeleïev créa le Tableau périodique des éléments, un outil incroyable pour les chimistes qui entraient en scène en force et qui donnèrent un nouvel élan aux inventions.

Devant les progrès réalisés, l'homme avait de plus en plus la conviction que grâce à la découverte des connaissances scientifiques nouvelles et à leur application, il parviendrait à prendre en main son destin et celui du monde, et à créer un véritable paradis sur la terre.

À partir de cette deuxième moitié du 19e siècle, c'est-à-dire, à partir des années 1850, sous l'impulsion des nouvelles connaissances scientifiques, la science devint l'une des forces déterminantes de la pensée occidentale[18].

Les premières théories scientifiques, comme l'évolution et la conservation de l'énergie, ou l'existence des champs électromagnétiques d'où s'exerçaient des activités physiques, commencèrent à s'imposer.

---

[17] idem, p.16

[18] L'Âge du progrès, op. cit., p.29

Des notions totalement nouvelles, comme le rapport entre toute action et l'existence de certaines unités de base comme l'atome en chimie, la cellule en biologie, le quantum en physique, devinrent des réalités reconnues par tous.

À partir de cette époque, la science acquit un droit de cité dans les programmes universitaires, et de grands laboratoires de recherche furent fondés. Mais la science faisait sentir son influence au-delà de l'université et des laboratoires, à travers les différents secteurs d'activités et de création artistique. Mieux encore, des inventeurs, en étroite collaboration avec des équipes de chercheurs travaillant de manière coordonnée, mettaient ces théories en pratique, pour accélérer les progrès de la technologie. Les premières associations pour le développement des connaissances scientifiques furent créées.

Alors qu'au début de la Révolution industrielle, les inventeurs procédaient par tâtonnement et empirisme, cherchant à résoudre des problèmes ou en faciliter la solution, sans se préoccuper beaucoup des principes sur lesquels reposaient les résultats recherchés ou acquis, il était désormais fondamental de considérer les principes scientifiques comme la base indispensable de la technologie.

Cependant, même si les premiers inventeurs ne comprenaient pas toujours les principes de la science, leur pragmatisme les poussait constamment à en employer les méthodes. Ils expérimentaient, pesaient et mesuraient avec une précision sans cesse croissante. C'est ainsi qu'ils sont parvenus à fabriquer des machines-outils fournissant des pièces interchangeables, et permettant même la production en série.

Pour qu'une machine puisse fonctionner avec efficacité et avec rapidité, ses pièces aux formes géométriques (plans, cubes, cylindres, etc.) doivent être parfaitement ajustées. Suite aux progrès des connaissances scientifiques, les ingénieurs réussirent la production d'un acier à un très faible prix de revient, grâce auquel il devint possible de construire des ponts, des voies ferrées, des gratte-ciels, et de lourdes machines jusqu'alors impossibles à réaliser avec la fonte plus fragile ou le fer qui est moins rigide.

Au cours de la première phase de la Révolution industrielle, les échanges entre l'usine et les laboratoires étaient rares, car les savants n'avaient pas encore attrapé la pratique des techniciens. Mais, à partir de l'Exposition internationale de Londres en 1851, le développement rapide de la technologie fut accompagné par des progrès dans les découvertes et de nouvelles théories scientifiques. Une nouvelle génération de chercheurs arrivait à maturité et parvenait à faire la synthèse des observations de leurs prédécesseurs et à les transposer dans des théories d'ensemble.

Dans le même temps, savants et inventeurs commencèrent à s'intéresser aux merveilles mécaniques qu'engendrait la technologie, ils cherchèrent ensuite à comprendre et à expliquer le fondement de ces merveilles. Ils s'aperçurent que la science et la technologie étaient complémentaires. Les scientifiques furent en mesure d'expliquer qu'il existait certaines relations entre la physique, la chimie, la biologie, et que l'électricité et le magnétisme étaient des phénomènes interdépendants et obéissant aux mêmes lois.

Les savants entreprirent de mettre en évidence les lois importantes pour le développement de certaines technologies, comme les lois de la thermodynamique ou de l'électromagnétique. Partant de la découverte de John Dalton sur l'atome, alors reconnu comme étant l'unité de base des combinaisons chimiques, des chercheurs se mirent, par tâtonnement, à analyser les différentes combinaisons et dispositions des molécules, et aboutirent à la création de nouveaux produits.

Ainsi naquirent des produits synthétiques qui donnèrent un nouveau coup d'accélérateur à l'essor industriel. À ce stade, la science s'était définitivement imposée comme étant indispensable au développement des technologies.

Après le lancement des teintures synthétiques par le jeune chimiste Henri Perkins, la connaissance des drogues synthétiques ouvrit la voie à la fabrication des produits pharmaceutiques. C'était une autre branche de l'industrie qui allait faire la fortune de plusieurs firmes spécialisées dans ce domaine. Il s'agissait tout simplement de mettre au point des drogues capables de détruire un agent pathogène sans provoquer la moindre lésion tissulaire chez le malade.

Les études ne se limitaient pas aux seuls produits de la chimie. Les recherches dans le domaine de l'électricité étaient en train de bouleverser le monde scientifique et faisaient naître d'immenses espoirs dans le monde industriel.

Partant de l'idée générale que l'électricité pouvait être produite de façon constante par une action chimique, le professeur italien Alessandro Volta, qui enseignait la physique à l'Université de Pavie, empila, en les alternant, des disques de zinc et d'argent séparés par des feuilles de carton imprégnées d'eau salée, et un courant électrique s'établit entre les deux métaux dissemblables. C'était en 1800. Volta venait de réaliser une pile électrique. Le Volt, unité de tension électrique, immortalisa le nom de l'inventeur italien[19]. Le courant ainsi produit était instable et éphémère mais utilisable. La nouvelle électricité provoqua un espoir passionnant dans toute l'Europe. La possibilité de chauffer les habitations et de mettre fin au froid hivernal ne pouvait que soulever d'immenses espoirs.

Vingt ans plus tard, en 1820, le professeur Danois Hans Christian Oersted s'aperçut que le courant électrique agissait sur une aiguille magnétique. Le rapport entre l'électricité et le magnétisme était établi.

La même année, en 1820, le physicien français André Ampère, établissait la relation mathématique entre l'électricité et le magnétisme et découvrait la formule permettant de mesurer l'intensité du courant électrique. Le nom d'Ampère rejoignit celui de Volta dans l'histoire des techniques et des technologies.

Peu de temps après, en 1826, en étudiant la résistance de divers métaux, le physicien allemand Georg Ohm aboutit à la loi qui définit le rapport entre la résistance, la tension, et l'intensité. Mais, il faudra attendre les travaux du physicien écossais James Clerk Maxwell pour réunir les éléments connus sur l'électricité et sur le magnétisme, afin d'en démontrer les rapports exacts. Après ces études, Maxwell posa un postulat sur l'existence d'ondes électro-

---

[19] L'âge du progrès, op. cit., p.32

magnétiques exploitées plus tard sous forme d'ondes radio dans l'industrie des télécommunications. Plus tard, d'autres chercheurs iront encore plus loin et découvriront des électrons qui seront à la base de la Révolution électronique. Nous y reviendrons.

En 1865, le métallurgiste américain James Balleny Elkington réussit à mettre au point un procédé permettant d'affiner le cuivre, un excellent conducteur, donc très utile à toutes les branches de l'industrie de l'électricité. Dans le même temps, d'autres chercheurs et physiciens poursuivaient des travaux de recherche sur l'électricité car tout le monde était conscient que cette nouveauté technique allait révolutionner la société et créer de la richesse. Parmi ceux qui réussirent à apporter des contributions importantes, le physicien anglais Michaël Faraday, dont les travaux conduisirent à la fabrication de la dynamo par le Belge Zénobe Théophile Gramme, occupe une bonne place dans l'histoire de l'électricité.

De fil en aiguille, ces différentes découvertes et inventions servirent de base à l'inventeur américain Thomas Alvi Edison, qui réussit à trouver un procédé permettant l'usage de l'électricité comme élément de la vie quotidienne. C'est notamment dans l'une des usines d'Edison Electric Company que le futur constructeur automobile Henry Ford fera ses débuts de technicien ingénieur, avant de fonder la Ford Motor Company.

Le laboratoire de Thomas Edison de Menla Park au New Jersey fut l'un des modèles du genre sur le plan mondial et le premier centre permanent de recherche industriel établi aux États-Unis consacré à l'innovation. Ce type d'établissement eut un retentissement énorme dans tous les pays industrialisés ou en voie de l'être.

Par exemple en Allemagne, les fabricants industriels créèrent des laboratoires de recherche parfois avec l'aide du gouvernement. Ils encourageaient même la formation universitaire des spécialistes de cette industrie nouvelle.

Ce genre d'investissement permit à l'industrie allemande d'enregistrer une croissance tellement rapide qu'elle rattrapa l'Angleterre et la dépassa pour occuper la première place dans plusieurs domaines de la production industrielle à la fin du 19e siècle.

À titre d'exemple, sur la totalité des Prix Nobel de chimie décernés jusqu'à l'avènement de Hitler en 1933, environ un lauréat sur trois était allemand. Mais la Grande-Bretagne, historiquement reconnue comme le berceau de la Révolution industrielle, n'était pas reléguée pour autant aux oubliettes. Grâce à son empire et à son génie, elle restait la nation la plus riche du monde.

Pour rappeler cette réalité à ceux qui seraient tentés de négliger ce pays, Sir Joseph Thompson, un physicien de Cambridge, découvrit en 1897, la première particule atomique dénommée 'électron' qui allait servir de base à la deuxième révolution industrielle au 20e siècle, c'est-à-dire de base à la technologie électronique, informatique et numérique.

Mais, avant que l'industrie électronique ne s'impose, la découverte du physicien Thompson permit le développement de la physique nucléaire, de l'énergie et des armes atomiques utilisées pour mettre fin à la Deuxième Guerre mondiale en 1945.

Même si l'Allemagne accroissait rapidement sa production industrielle, qui était soutenue par de fulgurantes inventions, surtout après l'unification de l'Empire allemand en 1870 sous l'impulsion du Prussien Bismarck et d'une classe d'entrepreneurs brillants, méthodiques et appliqués, la Grande-Bretagne assumait toujours le leadership. La preuve fut donnée par le nouveau procédé Bessemer, procédé de production de l'acier qui figure parmi les plus grandes inventions de la 2e moitié du 19e siècle.

En 1856, cinq ans après la grande Exposition de Londres, l'ingénieur anglais Henry Bessemer inventa un procédé qui révolutionna la production de l'acier, un métal qualifié lui-même de révolutionnaire. Le nouveau procédé faisait suite aux travaux d'un forgeron du Kentucky William Kelley, qui tentait d'obtenir un métal de meilleure qualité pour la fabrication des rails. Les États-Unis étaient en train de construire leur réseau ferroviaire et la demande de rails était très grande. La nouveauté du procédé Bessemer tirait sa spécificité du fait que la fonte liquide était transformée en acier dans un fourneau en forme de gourde appelé « convertisseur ».

On introduisait d'abord le métal en fusion dans un fourneau que l'on amène ensuite en position verticale. Enfin, un violent courant d'air était déclenché à l'intérieur par des orifices ménagés à la base, brûlant carbone et impuretés avec une gerbe d'étincelles.

Dans un délai de 30 minutes, débarrassée de ses impuretés, la fonte se transformait en acier prêt à être versé dans une poche de coulée avant de passer aux moules à lingots. Avec ce nouveau procédé, Henry Bessemer permettait la production d'un acier de qualité supérieure et bon marché qui se prêtait bien aux différents alliages selon l'acier recherché. Les techniciens et d'autres fabricants de l'époque eurent à leur disposition un métal plus robuste, plus léger, plus souple par rapport au fer ou à la fonte, pour réaliser des projets plus ambitieux.

Les rails d'acier fabriqués à partir de ce nouveau métal permirent aux trains de rouler plus vite. Les navires munis de coques métalliques plus légères eurent une meilleure flottabilité, et augmentèrent leur volume de chargement. Les constructeurs d'édifices purent monter plus haut, grâce aux minces charpentes d'acier plus légères mais plus robustes. Les équipements militaires s'enrichirent de nouvelles pièces d'artilleries et de blindage en acier.

Avec l'essor de la sidérurgie, qui est passée de 500 000 tonnes en 1870 à 28 millions de tonnes en 1900, de grands centres industriels se développèrent dans différents pays d'Europe comme Lille en France, Sheffield en Angleterre, Essen en Allemagne ou Pittsburgh en Pennsylvanie.

Grâce à ce nouveau métal, des fortunes colossales furent amassées, comme celle du Groupe Krupp en Allemagne ou d'Andrew Carnegie aux États-Unis.

La preuve la plus éclatante de la qualité et de la résistance de ce métal révolutionnaire fut apportée par la construction d'un gigantesque pont de chemin de fer entièrement en acier au-dessus du Firth of Forth, estuaire d'Écosse. Grâce à l'acier, des ingénieurs réussirent à faire franchir à chaque travée du Firth of Forth plus de cinq cents mètres de pleine eau.

Avec le fer, les travées ne pouvaient guère dépasser 150 à 180 mètres comme dans le cas du pont Britannia au pays de Galles[20].

À côté de ces progrès réalisés dans l'industrie sidérurgique et chimique, une autre réalisation aussi révolutionnaire que les

[20] L'âge du Progrès, op. cit., p. 40

précédentes était accomplie avec l'installation des câbles télégraphiques reliant les côtes de l'Irlande au littoral américain, et à l'Europe. Ainsi, le nouveau monde, découvert par Christophe Colomb quatre siècles plus tôt, était relié au vieux continent. De nouveaux câbles sous - marins étendirent ce réseau mondial à l'Australie et à l'Amérique latine en 1874. La Grande-Bretagne installa ensuite un câble qui traversait le pacifique en 1902.

Ainsi, les fabricants de produits industriels, européens et américains, étaient reliés aux quatre coins du marché mondial.

- La stabilité politique,
  condition préalable au développement industriel

En 1815, à la fin des guerres de Napoléon, lors du tracé des nouvelles frontières européennes, peu d'observateurs auraient prédit que l'Allemagne allait devenir la principale nation industrielle d'Europe continentale avant la fin du siècle. Et pourtant, ce fut le cas.

C'est grâce aux hommes politiques prussiens, de Friedrich Von Motz mort en 1830, en passant par Peter Beuth, entre 1818 et 1845, puis par Christian Von Rother autour de 1830, jusqu'au Chancelier et stratège Bismarck, que l'unification du pays fut d'abord réalisée, créant, ainsi, un terrain favorable au génie inventif du peuple allemand.

En France, l'apport de Louis Napoléon Bonaparte est jugé par les historiens comme fondamental dans la conversion industrielle de la France. Napoléon III se rendit d'abord compte de l'importance des infrastructures de communication pour stimuler le développement de l'industrie et du commerce intérieur. Il décida de pourvoir la France d'un réseau ferroviaire efficace. Entre 1852 et 1857, il avait été posé près de 15000kms de voies ferrées qui, non seulement pourvoyaient la France de moyens de transport efficaces, mais aussi procuraient du travail au personnel d'exploitation, ainsi qu'à plusieurs centaines d'employés d'entreprises de construction, d'ouvriers de fonderies, d'aciéries, de cimenteries, de briqueteries, ainsi qu'à d'autres établissements industriels intéressés[21].

La reconstruction de plusieurs quartiers de Paris sous Napoléon III fut l'un des grands travaux publics les plus spectaculaires. Napoléon III avait assigné au Baron Georges Haussmann, en 1853, la mission de faire de Paris la plus belle ville d'Europe. Cela eut un impact considérable sur l'économie et sur la production des industries françaises.

Pour bien mener cette mission et réunir les capitaux nécessaires de financement de ces projets coûteux, le gouvernement du Second Empire favorisa la création de deux établissements financiers importants, à savoir le Crédit foncier, et le Crédit mobilier.

Deux ans plus tard, le Crédit foncier avait changé de statut. Passant de simple banque accordant aux propriétaires terriens des prêts gagés sur leurs domaines, il s'était transformé en une puissante société de crédit à la construction pour le financement des grands travaux des municipalités.

Ayant reçu l'approbation du gouvernement, le Crédit mobilier, quant à lui, s'affirmait comme une banque de crédit industriel d'un genre nouveau. La banque devait soumettre au ministre de l'Intérieur des rapports sur sa gestion. Le Crédit mobilier joua un grand rôle dans le financement de plusieurs entreprises importantes.

[21] HENDERSON, W.O, La révolution industrielle, op. cit., p.78

4. L'essor de l'industrie chimique et de l'électro-mécanique

Organisée en 1851, sous le patronage de la reine Victoria et de son mari le prince Albert, l'Exposition internationale de Londres marqua pratiquement le lancement de la deuxième phase de la Révolution industrielle. La seconde moitié du 19e siècle devait être visiblement celle d'importants nouveaux progrès techniques qui allaient changer l'histoire de l'Occident européen et créer un monde nouveau.

Le procédé mis au point par Henry Bessemer annonçait un nouvel âge de l'acier. L'invention récente de la dynamo annonçait l'ère de l'électricité. Les premières matières colorantes d'aniline synthétiques de Perkin allaient ouvrir une grande porte pour le développement spectaculaire de l'industrie chimique. La fabrication des produits plastiques allait suivre rapidement. L'âge de l'automobile, lancé par l'invention du moteur à gaz par l'allemand Otto, vite suivi par ses compatriotes Gottlieb Daimler et Karl Benz, approchait à grands pas.

À partir des années 1860, les équipes de recherche scientifique travaillaient désormais dans des laboratoires d'installation coûteuse. La firme allemande BAYER d'Elberfield, fondée en 1860 par Bayer et par Weskutt donna un coup d'accélérateur à l'association de la recherche et de la production. Les superviseurs de la production en usine sortaient eux-mêmes des écoles de formation technique. Mais très vite, les industries firent appel à des chimistes formés dans des universités, donc plus qualifiés, pour diriger et superviser les projets de recherche et le développement de nouveaux produits et la mise au point des procédés de fabrication. Les résultats furent spectaculaires.

Sous l'impulsion du Docteur Karl Duisberg, la firme Bayer devint rapidement un empire et un temple de création et de production. Dans d'autres domaines de la chimie, l'inventeur suédois Alfred Nobel découvrait, en 1860 le caractère explosif de la tri-nitroglycérine ; il devint aussitôt fabricant de la dynamite et de gélatine explosive. La fabrication de divers produits pharmaceutiques ou cosmétiques suivait au même rythme.

Dans la foulée, une étape de plus fut franchie dans l'industrie chimique avec la fabrication de matières plastiques et thermo-plastiques. C'était presque une révolution à l'intérieur de la Révolution. En 1865, à Birmingham en Angleterre, Alexander Parkes produisit un premier plastique synthétique à partir du celluloïd.

En 1872, Bayer mettait au point un premier thermoplastique synthétique extrait du goudron de houille. Vers la fin du siècle, le chimiste belge Baekeland parvenait à réaliser des résines de synthèse 'les bakélites', un nouveau group important de plastiques extraits aussi du goudron de houille. L'application des progrès de la chimie à l'agriculture suivit rapidement, avec l'utilisation de phosphates comme engrais. Cette application provoqua un changement considérable dans la production agricole des aliments. Bien entendu, tous ces résultats, dans l'industrie chimique, n'auraient pas été obtenus si la technologie de l'électricité n'avait pas suivi.

Après les travaux du physicien italien Volta (1797) dont nous avons déjà parlé, travaux suivis par les recherches du savant russe Petrov, à qui l'on doit la batterie de Petrov en 1804, puis, en 1820, avec les recherches du physicien danois Oersted, qui confirma qu'un courant électrique crée un champ magnétique, le Britannique Michael Faraday paracheva cette première phase, en trouvant le principe de la dynamo. En effet, celle-ci permettait la conversion de l'énergie mécanique en courant électrique.

Sant tarder, l'utilisation du télégraphe fut la première exploitation pratique de l'électricité autour de 1830. Mais il faudra attendre encore quelque 30 ans, lorsque le Belge Zénobe Gramme, vite suivi par l'Italien Pacinotti et par l'Allemand Werner Von Siemens eurent établi des dynamos plus efficaces, dynamos accouplées à des machines à vapeur, à des roues ou à des turbines hydrauliques. À partir de cette époque, il devint possible d'utiliser l'électricité pour l'éclairage, pour les transports et comme force motrice dans l'industrie.

L'éclairage électrique se répandit lorsque Swan en Angleterre (1860) et Thomas Edison du New Jersey aux États-Unis, eurent trouvé la lampe à filament incandescent. Vers 1880, Werner Von Siemens utilisa l'électricité pour la traction d'un Tramway qui fonctionna dans les rues d'un quartier de Berlin. La traction électrique souterraine (les premières lignes de métro) commença aussitôt à Londres vers 1890, à Budapest et à Boston.

L'utilisation de la dynamo pour la production de l'électricité offrait un avantage important par rapport à la machine à vapeur. Il devenait désormais possible d'envoyer le courant électrique produit par une dynamo à une plus longue distance. C'est ainsi que les premières usines de production de l'électricité furent établies à New York et à Londres. Et le premier câble de transport de cette force électrique à longue distance fut posé à Lauffen sur le Neckar et à Frankfurt sur le Main en 1891[22].

Presque dans le même temps, la réalisation du téléphone par Alexander G. Bell et par Thomas Edison, devenait une réalité. L'appareil de télégraphie sans fil de l'ingénieur italien Marconi qui utilisait les ondes électromagnétiques découvertes par Maxwell, par Hertz et par Branly, pour la transmission de messages fit aussi son apparition. On peut imaginer à quel point cette réalisation obtenue avant l'an 1900 constituait un pas de géant dans les télécommunications.

À côté de ces grands progrès de la Révolution industrielle, réalisés au cours de la 2e moitié du 19e siècle, un autre grand succès, qui résulta, lui aussi, des progrès techniques de l'époque, fut la construction du canal de Suez reliant les eaux de la Méditerranée à la mer Rouge. L'initiative de faire creuser le Canal de Suez, accomplie sur une période de 15 ans, entre 1854 et 1869, fut l'œuvre du diplomate français Ferdinand de Lesseps. Ce fut une preuve supplémentaire que les Français avaient des ambitions audacieuses, dans la droite ligne des conquêtes de Napoléon. L'accomplissement des travaux de construction du canal de Suez en plein milieu du 19e siècle fut célébré comme un grand événement qui modifiait profondément les échanges économiques entre l'Orient et l'Occident, mais aussi comme un signe.

[22] Henderson W.O, La Révolution industrielle, op. cit., p.57

L'Européen était désormais convaincu qu'il était capable de maîtriser la transformation de la nature et de la matière, la conquête de la terre et de l'espace, et de repousser les limites de l'impossible. L'aventure coloniale allait rapidement suivre l'ouverture du canal de Suez.

La Révolution industrielle et la vigueur économique qu'elle entraînait dans son sillage facilitèrent l'unification de l'Allemagne. Avant 1870, l'Allemagne était morcelée en 39 petits États, tournant autour de la Prusse comme force principale.

Après la Déclaration d'indépendance et l'unification des 13 colonies déjà constituées pour former l'Union Fédérale américaine, les Européens furent saisis de jalousie. C'est alors qu'ils commencèrent à redouter cette nouvelle force montante, qui s'ajoutait à la puissance britannique dont les descendants formaient le noyau de cette nouvelle puissance. Les Européens pressentirent, dès le début, que cette nouvelle puissance qui s'érigeait de l'autre côté de l'Atlantique sera un concurrent imbattable au cours des années à venir.

Le premier Chef d'État à réagir avait été Napoléon Bonaparte qui tenta de conquérir l'Europe par la force afin de mettre sur pied un grand empire français étendu sur toute l'Europe. Il fut vaincu par les troupes britanniques conduites par le Duc Wellington. La défaite de Napoléon fut suivie par le tracé de nouvelles frontières européennes de 1815.

L'Allemagne, dont les citoyens émigraient par milliers pour s'installer aux États-Unis, suivait, -elle aussi avec jalousie, cette nouvelle puissance naissante. Grâce à la Révolution industrielle et au développement de la métallurgie allemande, la Prusse renforça son armement et se prépara secrètement à l'unification forcée des États allemands. Le chancelier Bismarck avait dit un jour que les grandes questions qui concernent le destin d'une nation ne sont jamais résolues par des discours et des débats du parlement, mais par le fer et le sang.

Après la guerre civile américaine (1861-1865), qui se solda par la victoire de l'armée de l'Union Fédérale, armée commandée par le Général U. Grant sous la présidence d'Abraham Lincoln, la Prusse se prépara elle aussi à passer à l'action. L'organisation de l'armée fut confiée au Général Von Roon, le commandement à l'état-major et à la formation des troupes furent confiés au Général Von Moltke. La stratégie fut élaborée à l'académie allemande. La forte personnalité du Chancelier Otto Von Bismarck, ajoutée à son habileté de manœuvre, fit le reste.

L'occasion lui fit donnée par la guerre éclaire (1870-1871) contre la France, déclarée pourtant par Napoléon lui-même mais gagnée par l'Allemagne. L'armée française fut écrasée à Sedan le 4 septembre 1870. La nouvelle se répandit que l'Empereur était vaincu. L'armistice fut signé et l'unification de l'Empire allemand fut déclarée le 28.1. 1871 à la Galerie des Glaces de Versailles[23]. L'unification incluait, l'annexion par l'Allemagne de l'Alsace et d'une partie de la Lorraine. Cette défaite blessa profondément les Français et entraîna la chute de l'empereur, dernier descendant des Napoléon au pouvoir.

Au cours des années suivantes, à côté du renforcement de l'armée, la diplomatie de Bismarck, jusqu'à sa chute en 1890, visait à isoler essentiellement la France pour rendre impossible toute tentative de revanche. L'honneur de la France ne sera rétabli que cinquante ans plus tard, après la Première Guerre mondiale, qui a été suivie par la récupération de l'Alsace et de la Lorraine.

Après cette guerre contre la France et l'unification de l'Empire allemand, la Révolution industrielle explosa en Allemagne. Les inventions et les dépôts de brevets se suivaient à un rythme effréné. Le pays se hissa rapidement au premier rang de la production industrielle en Europe jusqu'à la Première Guerre mondiale de 1914-1918.

---

[23] Duroselle J.B, L'Europe de 1815 à nos jours, op. cit., p.138

5. La Révolution industrielle en Russie

La Révolution industrielle en Russie n'a pas connu la même vigueur et n'a pas suivi le rythme de celle de l'Europe occidentale. Malgré des ressources abondantes, la Russie a connu un sérieux retard dans l'industrialisation du pays. Le maintien prolongé du servage par le régime féodal fut un des principaux obstacles. Non seulement le pays manquait d'une main-d'œuvre qualifiée, mais aussi, d'autres facteurs étaient en cause.

D'abord, un grand nombre de nobles considéraient les activités commerciales et industrielles comme indignes. En même temps, l'absence d'une classe ouvrière, car maintenue sous le joug du servage, privait le pays d'une main-d'œuvre spécialisée. Le lancement des activités industrielles au départ fut l'œuvre de capitalistes et d'investisseurs venus de l'étranger. La création d'une première usine sidérurgique moderne en Ukraine fut l'œuvre du maître des forges gallois John Hughes. En 1869, la société russe qu'il avait constituée obtint la mission d'installer des usines métallurgiques dans le bassin du Donetz afin de produire des rails pour la construction des nouveaux chemins de fer russes.

La première coulée eut lieu en 1872. La puissante industrie pétrolière russe fut en grande partie l'œuvre des frères suédois Robert et Ludwig Nobel. Toutefois, le responsable de l'expansion industrielle de la Russie fut le Comte Serge Witte (1849-1915) qui fut ministre des Finances du Tsar de 1892 à 1903.

Au cours de ces années, Witte s'imposa comme priorité d'accélérer la réalisation d'importants projets d'industrialisation de la Russie. Witte s'employa à implanter d'abord un réseau de chemin de fer beaucoup plus développé, qu'il considérait comme la clé de tout progrès économique du pays. Même si plusieurs lignes de chemin de fer furent ouvertes durant cette période, le plus spectaculaire des chemins de fer construits sous l'impulsion de Witte fut le Transsibérien, long de plus de 5000 km. Il fut achevé en 1899.

La réalisation de ces travaux majeurs permit la consolidation des industries mécaniques et sidérurgiques en Russie, industries qui, à leur tour, allaient donner naissance aux futures usines spécialisées en aérospatiale et en armement.

S'appuyant beaucoup sur l'endettement et sur des capitaux étrangers, la politique de Witte fut fortement critiquée à l'intérieur de la Russie. Tout le monde se rendait compte que la paysannerie russe était trop en arrière pour constituer une solide demande intérieure de biens de consommation[24]. Et le Tsar Nicolas II ne montrait pas assez d'empathie, de compréhension ou de volonté pour mettre en œuvre des réformes économiques et sociales radicales dont la Russie avait besoin pour s'engager véritablement sur le chemin de la modernité.

Heureusement pour Serge Witte. Il mourut en 1915 avant d'assister à la Révolution léniniste bolchevique de 1917, que des réformes intelligentes, inspirées par celles des hommes politiques prussiens en Allemagne voisine, auraient pu éviter.

Dans les autres pays d'Europe, les chemins de fer avaient été construits grâce à la mobilisation de capitaux intérieurs et la mise en place d'un système bancaire adéquat, impliquant une étroite collaboration entre le secteur public et les investissements d'entreprises privées. Les dirigeants russes furent incapables de mettre en place une telle procédure qui, pourtant, est essentielle, pour renforcer le tissu économique interne, réduire l'endettement, consolider la monnaie nationale, et éviter la dépendance vis-à-vis de l'extérieur. Ce retard continua à peser sur l'économie et sur la société russe pendant plusieurs années.

Pourtant, la Russie n'a jamais été en arrière sur le plan des connaissances. Les scientifiques et d'autres savants russes ont toujours évolué au même niveau que ceux de l'Europe occidentale. Ils étaient parfois même en avance. C'est pourquoi il a été facile, pour la Russie, de développer l'arme nucléaire et de se lancer rapidement à la conquête de l'espace.

Malgré ces énormes potentialités, la Russie n'a pas mis fin à la pauvreté parmi sa population. Même aujourd'hui, sa production

[24] HENDERSON W.O, La révolution industrielle, op. cit. p.87

industrielle à des fins commerciales reste inférieure par rapport à celle de l'Europe occidentale, et la monnaie russe n'a pas encore gagné la place et la valeur qu'elle mérite.

Par comparaison avec ce qui s'est passé dans les autres pays comme l'Allemagne, la France, l'Angleterre, la Belgique, ou les États-Unis, il devenait possible d'identifier les principaux facteurs qui handicapaient le développement économique et social de la Russie. Parmi ces handicaps, on a déjà cité :

-l'absence d'une classe ouvrière qui forme l'ossature d'une solide demande intérieure et dynamise le marché de consommation,

-l'absence des libertés publiques et du droit à la propriété qui favorisent l'émergence d'une classe d'entrepreneurs qui soit innovante et créatrice de nouvelles richesses,

-l'absence d'un système bancaire adéquat capable de financer les initiatives privées,

-le manque d'entreprises privées indépendantes capables de mobiliser l'épargne et les investissements des particuliers à travers des sociétés anonymes par actions, qui avaient joué un grand rôle dans les pays capitalistes cités plus haut.

À cela s'ajoute l'absence d'une législation favorable, d'une part aux investissements privés et, d'autre part, à la valorisation du potentiel national, par la production de matériaux à plus grande valeur ajoutée. En conséquence, la monnaie russe n'a pas encore atteint la valeur et l'équilibre dignes d'un si grand pays, et la population russe n'a pas encore atteint un niveau de vie comparable à celui des citoyens des pays de l'Europe de l'ouest.

La reconnaissance de la liberté et de la protection des droits des individus et des entreprises fut un facteur déterminant, un élément fondamental grâce auquel les entrepreneurs privés ont apporté une importante contribution aux multiples progrès de la Révolution industrielle. Plusieurs catégories d'entrepreneurs privés ont apporté leur part dans cette série d'inventions. Parmi ces pionniers, certains noms ont marqué l'histoire. Ils méritent, toujours, respect et admiration, même de nos jours.

En Allemagne, Werner von Siemens (1816-1896) qui est devenu célèbre comme inventeur et industriel. Engagé comme volontaire dans l'artillerie prussienne, il reçut une solide formation technique à l'École du génie et de l'artillerie de Berlin. En 1842, alors âgé de seulement 26 ans, Siemens entra dans les affaires, se spécialisa essentiellement dans les affaires de télégraphie et d'électricité. L'entreprise qu'il créa, en association avec le mécanicien Halske pour monter une usine d'appareils télégraphiques en 1847, connut un succès dans toute l'Europe avant de devenir une multinationale opérant sur tous les continents.

Même aujourd'hui, le nom de Siemens est toujours très respecté partout dans le monde. Son apport au développement de l'industrie en Allemagne est inévaluable[25].

L'autre grand nom de la première génération des industriels allemands est incontestablement Friedrich Krupp et son fils Alfred. Propriétaire d'une fonderie qui produisait de l'acier fondu au creuset semblable à celui qui était produit à Sheffield en Angleterre, Friedrich Krupp mourut très jeune à l'âge de 39 ans.

Son fils aîné, Alfred, alors âgé de 14 ans, dut assumer la responsabilité de faire marcher la fonderie. Pendant la maladie de son père, Alfred avait appris le métier de fabrication de l'acier suivant le procédé secret enseigné par son père, maître des forges.

En 1832, alors âgé de 20 ans car il était né en 1812, Krupp commença à faire des voyages en Allemagne et à l'Étranger afin d'enrichir son expérience du métier. L'entreprise Krupp connut des hauts et des bas pendant plusieurs années et ne fut engagée sur la voie de la prospérité que lorsque la construction des chemins de fer commença en Allemagne.

Ayant abandonné la fabrication de l'acier au creuset pour adopter le puddlage, les usines Krupp avaient des assises solides au début des années 1850.

Rentrant de l'Exposition internationale de Londres avec une médaille de bronze, obtenue grâce à une pièce d'artillerie, dont le canon était en acier coulé, Krupp installa, à son usine, un marteau-pilon, et réussit la fabrication des bandages de roues de wagon en acier coulé sans soudure, lesquels allaient devenir une des fabrications- phares et le symbole même de la maison Krupp.

---

[25] HENDERSON, W.O : op. cit., p. 88

Entre 1854 et 1864, l'entreprise connut une telle expansion due essentiellement à l'abondance des commandes que Krupp dut régulièrement agrandir ses usines[26]. En 1864, les usines Krupp comptaient déjà plus de 6000 employés, dont bien entendu, plusieurs ingénieurs.

Après la mise au point du nouveau procédé de fabrication de l'acier par l'ingénieur anglais Henry Bessemer, un procédé qui allait révolutionner la production de ce métal et baisser sensiblement le prix, Krupp comprit immédiatement à quel point il pouvait exploiter ce nouveau créneau. Par l'intermédiaire de ses contacts établis en Angleterre, il négocia et obtint la licence de fabrication du nouvel acier selon le procédé Bessemer.

Et les usines Krupp purent adjoindre la fabrication de rails à celle de ses autres produits ferroviaires. Au moment de l'unification complète de l'Allemagne en 1871, sous l'impulsion du chancelier prussien Bismarck, la firme Krupp était devenue un empire aux activités multiples. Elle possédait ses propres mines de fer et de houille. Elle faisait elle-même le fer en billette dont elle avait besoin et fabriquait des produits très variés, dont les principaux consistaient en armement, en matériel de chemin de fer et des pièces pour la construction maritime.

À côté des entrepreneurs qui ont joué un grand rôle dans les progrès apportés par la Révolution industrielle, figurent aussi des financiers, des promoteurs et des ouvriers dont l'investissement et les sacrifices méritent une place particulière dans l'histoire de la révolution. Que ce soit en France, en Angleterre, en Belgique, en Suède ou aux États-Unis, des banquiers et des entrepreneurs privés ont joué un grand rôle dans la mobilisation des capitaux nécessaires au financement de grands projets qui ont façonné le nouveau paysage des pays en marche vers l'industrialisation.

Avec les progrès déjà réalisés, sur fond de production de l'électricité, de l'acier d'une qualité supérieure et à bas prix, de divers produits plastiques, avec la fabrication de moteurs et d'autres machines, avec des chemins de fer et de belles routes macadamisées, l'Europe était mûre pour de nouvelles inventions

[26] HENDERSON W.O, op. cit., p.102

et pour d'autres conquêtes technologiques. L'âge de l'automobile était arrivé.

L'invention du moteur à combustion interne et de la dynamo (générateur électrique) a fourni, aux sociétés industrielles d'Europe et des États-Unis, une nouvelle source d'énergie d'une extrême valeur. Les premiers moteurs à gaz ont été construits en France et en Allemagne autour des années 1850. Le premier atelier mécanique ayant construit de petits moteurs à essence a été installé à Deutz, près de Cologne, par Otto et Langen. Peu de temps après, en 1872, d'autres ingénieurs mécaniciens comme Gottlieb Daimler et Wilhelm Maybach, se sont joints à eux. En peu de temps, la firme qu'ils avaient constituée produisit des moteurs à 4 temps[27].

Le moteur à 4 temps, tel qu'il a été perfectionné par l'ingénieur allemand Nicolaus Otto, fonctionne comme suit :

Le premier temps : Le piston descend en aspirant le mélange gazeux (Air-Carburant).

Le deuxième temps : Ce mélange emplit le cylindre et il est comprimé par le piston,

Le troisième temps : Il s'en suit l'allumage d'une bougie qui provoque l'étincelle. L'explosion repousse le piston qui, dans sa course descendante, entraîne le vilebrequin.

Le quatrième temps : Le piston remonte, chasse, du cylindre, les gaz brûlés. Le cycle peut alors recommencer.

Le moteur mono - cylindrique réalisé par Karl Benz en 1885 avait les mêmes éléments de base que les moteurs des automobiles actuelles. D'abord, l'automobile était munie d'un réservoir de carburant, elle était ensuite équipée d'un carburateur dans lequel se formait le mélange gazeux (Air-hydrocarbure). Elle était en outre dotée d'un système de refroidissement à circulation d'eau. Elle était par ailleurs pourvue d'un volant dont l'inertie assurait la continuité de rotation. Elle était enfin reliée à un dispositif d'allumage électrique[28].

---

[27] HENDERSON W.O : op. cit., p.58-59

[28] L'âge du progrès, op. cit., p.46

En 1882, Daimler et Maybach appliquèrent le nouveau moteur aux moyens de transport, ainsi que Karl Benz, qui avait mis au point un moteur à essence, un moteur de sa propre conception.

En 1885, les deux firmes construisirent des automobiles dont elles firent la démonstration devant le public[29]. Le même moteur Daimler fut installé sur un bateau qui navigua sur la scène en 1887 lors de l'Exposition universelle de Paris.

En 1894, Karl Benz sortait une voiture populaire à 2000 marks, une voiture capable de rouler jusqu'à 20 kms par heure. Vers 1890, Rudolph Diesel inventait le moteur qui porte son nom.

Dans le même temps, de l'autre côté de l'Atlantique, aux États-Unis, les inventeurs apportaient aussi leur part au développement industriel de l'Occident. La machine à coudre inventée par Elias How en 1846, puis perfectionnée par Singer six ans plus tard (1852), révolutionna les industries du vêtement, de la mode et de la chaussure. Thomas Edison, en électricité et en chimie, inventait le filament incandescent. De là, l'éclairage électrique changeait la vie des ménages. La machine à écrire de Remington, la moissonneuse Mc Cormack figuraient parmi les premières grandes inventions du nouveau continent. Et dans le domaine de la fabrication des automobiles, Henry Ford, ou M. Leland (Cadillac), se lançaient aussi dans l'aventure, avant la fin du siècle, avec le succès que l'on sait.

Quoique né à la ferme de ses parents, à Dearborn au Michigan, en 1863 pendant la guerre civile américaine, par son courage, par sa ténacité, par son intelligence et par son intuition, Henry Ford a fondé la Detroit Automobile Company en 1899, avant d'arriver à la Ford Motor Company, qui a connu un succès mondial jusqu'à nos jours.

Mais, pour mieux comprendre le cheminement du pays qui allait devenir la plus grande puissance industrielle et économique du monde au cours du 20e siècle, et le pays de rêve du reste du monde, nous allons d'abord jeter un coup d'œil sur l'historique du pays du rêve américain.

---

29 HENDERSON W.O, op. cit. p.59

6. L'industrialisation aux États-Unis

Pour le reste du monde, l'Amérique est un monde de rêve, un monde mythique, proche de l'irréel par sa puissance, par ses performances, par son cinéma hollywoodien, et par sa haute technologie, etc. En pensant à l'Amérique, certaines personnes vont jusqu'à imaginer, un pays habité par des surhommes (des supermen) et non par des hommes ordinaires qui appartiennent aux communs des mortels.

Non, les Américains sont des humains comme nous tous. Le développement de ce pays - continent est le résultat d'efforts, de sacrifices et de leur détermination. C'est pourquoi il est important, pour les pays en développement, comme en Afrique, de connaître et de comprendre comment ces hommes et ces femmes sont sortis d'une économie basée d'abord sur l'agriculture, pour entrer dans celle qui est dominée et dirigée par le savoir, par l'innovation et les nouvelles technologies.

Il faut d'abord noter que le destin des États-Unis est unique, exceptionnel, écrit Jean Michel Lacroix dans la préface de son livre *Histoire des États-Unis*. Même s'il n'y a pas une civilisation spécifiquement américaine, il y a des valeurs américaines. La vision collective du reste du monde est de considérer les Américains comme une nation supérieure dont le destin s'est accompli. « Et pourtant, l'Amérique n'est ni divine, ni romantique. Elle est tout simplement humaine », écrit Jean Michel Lacroix.

« Les forces économiques et sociales conflictuelles ont été le moteur de l'évolution de ce pays, notamment les conflits entre les possédants et les non-possédants, le conflit entre le sud vivant d'une économie agricole et le nord industriel et commercial », ajoute-t-il.

Après la crise de la grande dépression autour des années 1930, crise et dépression suivies par l'expérience du New Deal, une sorte de nouvelle vision ou d'orientation, la Seconde Guerre mondiale a redonné, aux États-Unis, le sentiment de la sécurité et de la confiance, et l'Amérique s'est sentie de nouveau supérieure au reste du monde. Mais, revenons d'abord en arrière, aux origines mêmes du peuplement et de la création de ce pays.

- De la découverte de l'Amérique aux premières colonies

Nous gardons en mémoire la date d'arrivée de Christophe Colomb sur le sol américain : 14 octobre 1492. Même après la découverte de Christophe Colomb, les Anglais ont mis du retard à envoyer des expéditions vers le Nouveau Monde.

Des problèmes internes d'ordre politique et religieux, ajoutés aux difficultés d'ordre économique et démographique ont longtemps marqué l'Angleterre depuis le Moyen-Âge jusqu'à la Renaissance. Depuis le 12e siècle, le règne d'Henri II (1154 – 1189) avait été marqué par d'importantes réformes légales qui donnèrent aux citoyens l'accès aux tribunaux. Les décisions des tribunaux ayant conduit d'une part à la force de la jurisprudence et d'autre part, ont fondé le droit coutumier anglais, communément appelé Common Law, contrairement aux usages du droit romain, en vigueur sur le continent européen.

Cette période fut marquée aussi par le début des hostilités entre la Couronne et l'Église romaine, surtout après l'assassinat de Thomas Beckett, en 1170 à la Cathédrale de Canterbury, pour s'être opposé à la mainmise royale sur l'Église. Ce sont ces hostilités qui ont conduit à la signature presque forcée de la Grande Charte des droits et libertés en 1215, garantissant les droits surtout des barons, et empêchant au Roi d'abuser de son pouvoir.

À côté de ces conflits, l'Angleterre fut engagée dans la longue guerre de Cent Ans en Europe, entre 1357 et 1455, guerre au cours de laquelle les Anglais remportèrent d'importantes victoires. À peine terminée, la guerre de Cent Ans fut suivie par un conflit interne aussi important. Ce conflit est connu dans l'histoire sous le nom de « Guerre des deux Roses ». Elle opposait les York et les Lancastre, les deux grandes familles aspirant à la Couronne.

Les luttes pour le pouvoir ont existé depuis que l'homme vit en société. La victoire d'Henri Tudor, en 1485, mit fin à ce conflit. Il monta au trône sous le nom d'Henri VII et fonda la dynastie qui régna jusqu'en 1603. Mais la paix n'était pas assurée pour autant dans le Royaume. L'héritier de la Couronne d'Henri III (1529 – 1536) rompit les relations avec l'Église romaine, et se déclara chef de l'Église Anglicane.

En 1553, soixante ans après la découverte de Christophe Colomb, alors que les Européens étaient lancés dans les grandes explorations et conquêtes du Nouveau Monde, l'héritière du trône, Marie Tudor, restaura le catholicisme comme religion officielle alors que le peuple anglais, dans sa grande majorité, s'était converti au protestantisme.

Quelques années plus tard, la reine Élisabeth 1re (1558 – 1603) rétablit l'Église Anglicane. Ce fut alors sous son règne que l'Angleterre retrouva une certaine stabilité et devint une grande puissance européenne, surtout maritime. C'est alors à cette époque que les navigateurs anglais se lancèrent sur les mers dans des conquêtes exploratoires. Au moment où les puissances maritimes européennes se lançaient dans une course à la recherche de terres et de nouvelles richesses, les Anglais, visiblement, sont partis les derniers.

C'est à cette époque que le navigateur anglais Francis Drake, protestant convaincu et ennemi acharné du catholicisme romain, livra une chasse impitoyable entre 1577 et 1580, contre les Espagnols dans les Caraïbes et finit par vaincre l'Invincible Armada espagnole. Comme récompense et reconnaissance de ses mérites, il fut ennobli par la reine Élisabeth 1re.

C'est donc vers la fin du 16e siècle et le début du 17e que les expéditions anglaises entamèrent leur installation, en fondant les premières colonies en Amérique. La première d'entre elles s'appellera la Virginie, rendant ainsi hommage à la Reine Élisabeth 1re surnommée la vierge, car elle n'avait pas d'enfant et ne s'était jamais mariée, même si, en coulisses, on la soupçonnait de recevoir des amants. Le choix du nom de Virginie était aussi une façon de célébrer la conquête de cette nouvelle terre considérée comme inhabitée et vierge.

L'instabilité politique et sociale, qui réapparut en Angleterre après le règne d'Élisabeth I poussa de nombreux anglais à l'exil. Beaucoup se sentaient mal à l'aise et éprouvaient le besoin de fuir les persécutions religieuses, la crise sociale et politique, la pauvreté et le manque de terre. Ils décidaient de quitter le pays pour aller tenter leur chance dans les nouvelles colonies d'Amérique.

Sur le plan politique, le Roi Charles I, qui accéda au trône en 1615 fut accusé de tendances absolutistes et son règne fut marqué par une grande résistance du Parlement, alors opposé à l'absolutisme. Cette résistance aboutit à l'éclatement de la guerre civile (entre 1642 et 1646) qui opposait les combattants royalistes aux défenseurs des droits du Parlement dirigés par le parlementaire éclairé Olivier Cromwell.

Les parlementaires progressistes remportèrent une victoire importante et le Roi Charles I, condamné pour trahison, fut décapité en 1649 sous la direction d'Olivier Cromwell. La monarchie et la Chambre des Lords furent abolies et l'Angleterre fut déclarée une République. Mais la République ne dura pas longtemps car la monarchie fut rétablie en 1660 après la mort d'Olivier Cromwell. Le parlement offrit de nouveau la couronne au fils de Charles I qui régna sous le nom de Charles II. À sa mort, son fils lui succéda sous le nom de Jacques II en 1685. Mais Jacques II n'avait pas tiré la leçon du passé récent de son pays. Il voulut imposer de nouveau l'Église romaine à la nation anglaise et provoqua contre lui l'éclatement de la Glorieuse Révolution (1688 – 1689), qui le chassa du trône. Effrayé par un retour à l'absolutisme et opposé au catholicisme romain, le peuple anglais le chassa de lui-même. Jacques II s'exila et se réfugia à la cour de France.

Ayant remporté une victoire décisive, le parlement anglais offrit le trône à Marie, la fille du Roi, et à son mari Guillaume d'Orange d'origine hollandaise. Marie, la nouvelle reine, monta au trône sous le contrôle du parlement. Ce chapitre de l'histoire anglaise sera connu sous le nom de la Glorieuse Révolution. Celle -ci ouvrit alors la voie au triomphe de la démocratie parlementaire en Angleterre, une grande première en Europe[30].

C'est pourtant au cours de cette période marquée par une profonde instabilité en Angleterre que des peuples d'Europe continentale (Portugais, Espagnols, Français, Hollandais) étaient engagés dans

[30] Peuples et Nation, Grande-Bretagne, op. cit., p. 52-53

une course folle à la conquête de l'Amérique, à la recherche de nouvelles richesses.

Les Anglais s'engagèrent à leur tour dans la course, avec un certain retard mais avec le sentiment de l'urgence d'agir. Avec le retour de la stabilité politique et sociale, surtout depuis le règne d'Élisabeth I, les Anglais s'affirmèrent rapidement comme les maîtres du commerce maritime et mirent sur pied des entreprises de colonisation.

Les classes dirigeantes anglaises firent tout ce qui était possible pour encourager et soutenir des expéditions d'exploration et de colonisation. Dès le départ, un véritable projet de colonisation fut conçu par les penseurs britanniques qui essayaient d'attirer et d'intéresser des colons en faveur de l'Amérique. C'est ainsi que Walter Raleigh fut parmi les fondateurs de la Virginie en 1584. Les objectifs de ce projet de colonisation étaient clairs. L'établissement, en Amérique, doit pouvoir résoudre les problèmes économiques de l'Angleterre et satisfaire les ambitions nationales, autant que le désir individuel de s'enrichir.

Ainsi est créé le rêve d'une Amérique opulente, véritable terre d'abondance. Mais de nombreux facteurs, comme les conditions climatiques des lieux d'accueil, l'hostilité des indigènes sur place, l'absence de financements pour commanditer les expéditions, l'absence d'équipages formés et motivés, retardèrent l'installation permanente d'établissements humains[31]. Cependant, les Anglais réussirent à surmonter toutes ces difficultés, surtout qu'en Angleterre, plusieurs motifs les poussaient à vouloir quitter le royaume et à tenter l'aventure ailleurs.

En l'espace de 50 ans, de 1603 à 1650 précisément, surtout sous le règne de Jacques 1er (1603-1625), et de son successeur Charles 1er (1625-1649), les années de la résistance du parlement contre les tendances absolutistes de Charles 1er, et ensuite de la guerre civile ayant conduit à sa décapitation et à l'abolition de la chambre des Lords (des Seigneurs), les Anglais émigrèrent en masse vers l'Amérique, et fondèrent les 13 colonies qui constituèrent le noyau originel des États-Unis.

---

[31] LACROIX, J.M., Histoire des États-Unis, PUF, 2010, p.10

Parmi les motifs qui les poussaient à vouloir émigrer vers l'Amérique, il y a d'abord la croissance démographique en Grande-Bretagne. La population atteignait déjà un peu plus de 5millions d'habitants à cette époque. La croissance démographique devenait un fait indéniable et inquiétant. Ensuite les conflits religieux ont poussé à l'exil les puritains qui considéraient qu'il y avait encore trop de catholiques romains au sein de l'Église Anglicane. Ils voulaient fuir cet environnement pour aller s'établir ailleurs.

Et encore, la rivalité avec la France joua aussi un rôle. La France venait d'envoyer Samuel de Champlain explorer le St-Laurent, en 1603. Après ce voyage, Samuel de Champlain fonda Port-Royal en Acadie, dès 1604, puis Québec en 1608. Ces actes stimulèrent des énergies en Angleterre.

C'est ainsi que dès 1606, des marchands de Londres obtinrent de la Couronne, une Charte leur permettant de s'établir en Amérique. L'expédition de 144 personnes conduite par le commandant Christopher Newport quitta le port de Londres en décembre 1606 et atteint la Baie de Chesapeake le 26.4.1607. À l'arrivée, après ce voyage de quatre mois, il ne restait que 105 survivants. Ceux-ci remontèrent une rivière qu'ils nommèrent le James River et fondèrent le premier établissement permanent d'Amérique du Nord sur une péninsule marécageuse baptisée Jamestown.

Au bout d'une année, 32 personnes seulement auront réussi à survivre à la famine, à l'hostilité des indigènes, et à des maladies comme la malaria[32]. Un nouveau contingent arriva au printemps et à l'automne 1608.

La région fut frappée par un hiver très sévère en 1609-1610, un hiver qui causa encore la mort de plusieurs victimes parmi les colons. Les conditions d'établissement furent difficiles et meurtrières mais d'avril à décembre 1618, la Virginie passa de 400 personnes à 1000 habitants. La culture du tabac se révéla prometteuse, avec les premières exportations vers l'Angleterre dès 1614.

[32] Op. cit., p.13

Les colons, dont les relations avec les Indiens restaient toujours mauvaises, firent appel à une nouvelle source de main- d'œuvre. À partir de 1619, les premiers contingents d'esclaves noirs furent introduits en terre américaine.

Avec cet apport d'une main-d'œuvre physiquement plus résistante et bon marché, la constitution de grandes plantations caractéristiques du sud se mit en place. Les Anglais, qui s'installent dans les colonies d'Amérique, prennent rapidement conscience que leur principale source de richesse ne sera pas la recherche d'or et d'autres métaux précieux, mais le développement de l'agriculture. Et une importance particulière fut dès lors accordée à la culture du tabac, du coton, de la canne à sucre, et même du café.

Gouvernés comme en métropole, ayant reçu une charte garantissant leurs droits et libertés, ayant même le droit d'élire leurs représentants pour siéger au sein de la Chambre des bourgeois (Council of Burgesses), les colons établis en Virginie, commencèrent à se doter d'une organisation permettant de gérer la communauté et résoudre les différends de toute sorte.

Une première Assemblée élective est réunie par le gouverneur Georges Yeardley en juillet 1619. Le contenu du document autorisant la réunion de cette assemblée et ayant valeur de Statut fut reproduit dans l'Ordonnance du 24.7.1621. Avec cette assemblée élective, la Virginie venait de se donner un modèle de gouvernement représentatif, qui posa les bases de la future démocratie américaine. Désormais, tout semble se mettre en place pour la réussite de la colonisation. Celle-ci doit réussir sous la direction d'entrepreneurs privés, qui cherchent un profit individuel, tout en poursuivant aussi l'intérêt national. Individualisme et modernité vont aller de pair, dans un contexte de liberté.

Pour encourager les planteurs de tabac dans les colonies d'Amérique, la Couronne britannique arrêta la culture du tabac en Angleterre et cette décision stimula sérieusement la production virginienne. Le but des colons anglais est de devenir une colonie de peuplement durable.

Lorsque les indigènes se rendirent compte que l'installation des colons se voulait définitive, une confrontation de plus grande ampleur s'engagea. Une attaque surprise déclenchée le 22 mars

1622 fit 350 morts, sans compter des destructions importantes dans les plantations. La riposte des colons fut immédiate. Les hostilités répétées, ponctuées de trêves de courte durée, menèrent à une guerre ouverte entre 1644 et 1646.

L'attaque meurtrière de 1622 a fait grand bruit jusqu'en Angleterre. La compagnie de Virginie, qui était jusqu'à cette date entre les mains d'un Conseil privé fut dissoute. La Virginie changea de statut et devint une colonie royale avec, à sa tête, un gouverneur. Avec ce changement de statut, une nouvelle génération de colons formée essentiellement de grandes familles, de membres de la gentry, arriva en Virginie entre 1630 et 1640. Les noms restés célèbres même aujourd'hui comme les Carter, les Harrison, les Lee, les Beverly, Cary, Mason, Randolph, ou les Byrd, quittèrent l'Angleterre, pour s'installer dans la nouvelle colonie virginienne.

Ces membres de grandes familles fuient essentiellement le mauvais climat social qui règne en Angleterre avec la résistance du parlement contre le roi Charles I, résistance suivie par une guerre civile, l'absolutisme de la monarchie, l'abolition de la Chambre des Lords sous Cromwell jusqu'à la restauration en 1660.

L'apport de cavaliers qui appartiennent aux classes sociales aisées améliora sensiblement la situation économique de la colonie, et aida à mieux gérer de grandes exploitations agricoles. En 1670, la Virginie comptait déjà un peu plus de 35000 habitants. Même si, sur le plan économique, les débuts de la colonisation ne furent pas des succès, la Virginie pouvait légitimement se vanter d'avoir mis en place la première Assemblée législative qui servira de modèle dans la suite à l'Amérique tout entière[33].

À côté de la colonie de peuplement établie en Virginie et de la contribution des cavaliers (aristocrates) arrivée au début des années 1630, une nouvelle vague d'immigrants, composés surtout de puritains, arriva à son tour en Nouvelle-Angleterre, dans les années 1620. On se souviendra qu'en 1607, au moment de l'installation des premiers colons en Virginie, une 2e compagnie,

[33] LACROIX, J. M., op. cit., p.16

formée par des marchands de Plymouth, avait, elle aussi, reçu une Charte et avait fondé la localité de Plymouth.

Mais la compagnie connut des difficultés et ne put mettre en place l'exploitation de la colonie. L'un des fondateurs de la compagnie de Plymouth, Fernando Georges, gardait toujours son rêve d'aller faire fortune en Nouvelle-Angleterre. En 1619, il fonda le conseil de la Nouvelle-Angleterre formée de 40 personnes choisies et non élues. En même temps, un groupe de puritains, les pères pèlerins (Pilgrins Fathers), qui ne supportaient pas les dérives et dissensions religieuses en Grande-Bretagne, demandèrent au Conseil de la Nouvelle-Angleterre d'organiser leur immigration vers l'Amérique.

Les puritains sont en fait des radicaux du protestantisme anglais dont le mouvement s'est formé après qu'Élisabeth 1re (1558-1603) eut rétabli l'Église anglicane comme religion officielle par les actes de suprématie et d'uniformité de 1559 et par les 39 articles de 1563. Pour les puritains, les compromis de l'anglicanisme aménagés par la reine n'allaient pas assez loin et laissaient encore beaucoup de place au catholicisme romain. Cela, pour eux, était inacceptable. Le puritanisme alors se diversifia, tantôt en se référant au Presbytérianisme de John Knox en Écosse, tantôt au Calvinisme.

Lorsque Jacques Stuart succéda à Élisabeth I en tant que premier roi d'Angleterre et d'Écosse, en ayant régné sur l'Écosse calviniste et presbytérienne, les puritains placèrent en lui beaucoup d'espoir de le voir aller plus loin dans la réforme de l'Église anglicane anglaise, mais le roi opta pour le conformisme traditionnel. Profondément déçu par cette attitude et inquiet devant l'intolérance persistante, le groupe des puritains envisagea purement et simplement de quitter l'Angleterre pour l'Amérique. Et les puritains acceptèrent l'offre que leur fit Thomas Weston au début de 1620, au nom des marchands-aventuriers de la Compagnie de Virginie qui n'avait pas encore les statuts du Conseil de la Nouvelle-Angleterre.

À bord du Mayflower, un groupe de 102 personnes, dont un tiers seulement de puritains, embarquèrent le 16.9.1620 pour un voyage de deux mois. Les pèlerins débarquèrent à New Plymouth le 25 décembre 1620. Même si plus de la moitié ne réussit pas à survivre au premier hiver, ils sont animés d'une résolution et d'une ferveur religieuse qui leur permirent d'accepter leur sort avec un certain stoïcisme. Les survivants se mettent rapidement au travail et la première récolte accueillie avec ferveur et bénédiction fut célébrée dignement lors de la Journée de l'action de grâce ou jour du remerciement (Thanksgiving Day).

La colonie de Plymouth constitua depuis lors le noyau primitif de la première colonie puritaine considérée comme la vocation de la Nouvelle-Angleterre. Le climat politique et religieux qui continuait à se détériorer en Angleterre, exacerbé par l'accession de Charles I au trône en 1625, poussa encore de nombreux puritains à quitter l'Angleterre.

Charles I, qui avait épousé une catholique et dont les nominations à l'Évêché de Londres et à l'Archevêché de Cantorbéry constituaient une menace réelle de persécution contre les dissidents, renforça l'émigration puritaine.

Devant l'impossibilité de réaliser leur projet, qui est de purifier l'Angleterre de ses péchés, les puritains se portent acquéreurs d'actions du Conseil de la Nouvelle-Angleterre, qui changea de nom et devint la Compagnie de la baie du Massachusetts en 1629. Alors les puritains s'établirent au nord de Plymouth, dans la baie du Massachusetts qui devint leur refuge privilégié. Le 4 mars 1629, la charte de la compagnie devint la Constitution de la colonie.

En Angleterre, les dissensions politiques et religieuses ne cessent de s'aggraver. En 1629, le Roi Charles I ordonne la dissolution du parlement qu'il considère comme dominé par les puritains, ce qui suscita un nouvel exode vers l'Amérique. Après la dissolution du parlement par Charles I, le gouverneur John Winthrop (1588-1649) débarqua lui aussi en juin 1630, et s'installa à Salem, fondé un peu plus tôt. L'arrivée de John Winthrop fut un événement important car il était accompagné par 900 colons.

En bon puritain, John Winthrop a le ferme désir et l'ambition exemplaire d'établir cette fameuse cité sur la colline (a shining city on the hill). Il a aussi un sentiment très fort de la destinée qui va caractériser l'Amérique. Son choix se porte sur Shawmut, c'est-à-dire Boston. D'autres colons s'installèrent dans la région et fondèrent l'une après l'autre 8 nouvelles villes comme Charlestown, Medford, Dorchester, Walestown, ou Roxbury.

Boston devient rapidement un grand port et le cœur d'une grande activité intellectuelle et commerciale. La création en 1636 du Harvard College est l'un des reflets de cette brillante activité. Le flux migratoire s'intensifia, accentué par la guerre civile en Angleterre et par l'abolition de la monarchie sous Cromwell.

En 1660, au moment de la restauration de la monarchie en Angleterre après la mort de Cromwell, la colonie du Massachusetts compte déjà 20 000 habitants.

Les colons établis au Massachusetts ont été poussés au départ par des motivations politiques et religieuses. Et la politique à tendance théocratique mise en place par John Winthrop fut rapidement contestée par la révolte des colons à Watertown en 1632. Une deuxième Assemblée législative du pays est élue en 1634. Le Massachusetts fut une République puritaine pendant plus de 50 ans avant de devenir une colonie royale en 1691.

La colonisation du Massachusetts donnera naissance à de nouvelles colonies comme le Connecticut, dont le noyau central est Hartford. Elle doit sa fondation à William Goodwin, qui est arrivé en 1632 à Newtown, actuelle ville de Cambridge dans le Massachusetts. La fondation de l'actuelle ville de New Haven en 1636 est, quant à elle, due au Révérend John Davenport (1597-1670). Ce dernier arrive d'Angleterre, escorté de quelques amis, dont l'homme d'affaires londonien Theophilus Eaton. Le nom Eaton est, jusqu'à ce jour, associé aux grands centres commerciaux dans les grandes villes nord-américaines, et même canadiennes, jusqu'à Montréal.

Le Connecticut, qui ne compte que 800 habitants en 1636, affirma d'emblée son indépendance et son goût pour la démocratie. Les colons qui s'établirent dans cette région de la Nouvelle-Angleterre (Massachusetts, Connecticut, New Haven) comptent parmi eux des éléments de l'élite intellectuelle formée dans les célèbres collèges anglais comme Cambridge ou Oxford. C'est pourquoi, établis au Connecticut, ils furent capables de rédiger en janvier 1639, les Ordres fondamentaux du Connecticut (Fundamental Orders of Connecticut), première Constitution américaine écrite, et la première du monde occidental. Dirigée par un gouverneur, par un corps de Conseillers et par une chambre basse élue, cette colonie obtint, du roi d'Angleterre Charles II en 1662, une Charte très libérale avec le privilège de se gouverner elle-même[34].

Ce furent les colons venus du Massachusetts qui fondèrent une nouvelle colonie dans le Rhode Island en 1636. Les mêmes colons vont fonder la ville de Portsmouth en 1638, ensuite, la ville de Newport en 1639, et de Warwick en 1643. Ce sont toujours les colons venus du Massachusetts qui vont constituer les établissements du New Hampshire, et du Maine avant 1640.

D'une façon générale, autour des noyaux primitifs de Plymouth et de la baie du Massachusetts, la Nouvelle-Angleterre bénéficia de la forte émigration puritaine et de son apport intellectuel. La Nouvelle-Angleterre accueillit, outre les cultivateurs et les marchands, toute une classe de médecins, d'enseignants, d'avocats et de pasteurs, qui lui permit de jouer un rôle de premier plan dans la vie intellectuelle et culturelle de l'Amérique.

En 1643, une confédération de Nouvelle-Angleterre regroupant le Massachusetts, New Haven, Plymouth, et le Connecticut, fut créée. Cette confédération préfigurait la future Union fédérale américaine, qui se mettra en route après l'indépendance.

L'influence religieuse fut aussi à l'origine de la fondation du Maryland, suite à une Charte accordée par le Roi Charles I au catholique Cecilius Calvert, deuxième Lord Baltimore en 1632. Son intention de départ avait été de faire du Maryland le refuge des catholiques, mais Calvert ne réussira pas, car il y avait aussi des protestants et des anglicans, et le Maryland devint la colonie de la tolérance et de la liberté religieuse.

Un peu plus tard, la région de la Delaware qui avait d'abord été une colonie des Suédois, lesquels avaient introduit l'église luthérienne en Amérique, sera elle aussi absorbée par les Anglais en 1664. Ensuite, le New Jersey fut cédé par le Duc d'York à deux de ses favoris, dont l'un d'eux était William Berkeley.

Situées au cœur des colonies anglaises, l'île de Manhattan et la Nouvelle Amsterdam (Actuelle New York) sont prises par les

---

[34] Lacroix, J.M., op. cit., p.21

troupes anglaises en 1664, malgré une résistance symbolique des Hollandais. New York deviendra une colonie royale lorsque son propriétaire, le Duc d'York, accéda au trône d'Angleterre sous le nom de Jacques II, en 1685.

L'extension, vers le sud, passe par la Caroline, qui a été divisée en deux Carolines (Nord et Sud) en 1730. La colonie de la Caroline est fondée, comme en New Jersey, après la restauration de la monarchie en Angleterre en 1660.

Le roi Charles II, de retour au trône, offrit cette concession à huit de ses courtisans comme un geste de remerciement pour le rôle qu'ils avaient joué en restaurant la monarchie après la mort d'Olivier Cromwell.

Pour compléter la colonisation de la région centrale, il ne restait que la Pennsylvanie. Appelé aussi colonie des Quakers, le territoire fut, par Charles II, concédé comme propriété personnelle en 1681, au quaker William Penn (1644-1718). Charles II estimait alors avoir une dette envers le père de William : l'amiral Penn, qui avait conquis la Jamaïque. Les Quakers représentaient le courant le plus radical du puritanisme. Ils se considéraient comme guidés par la lumière intérieure, et par l'inspiration personnelle que donnent Les Écritures. Ils refusaient pasteurs et sacrements. Ils formaient une société d'amis.

En 1682, Penn fonda la capitale de la colonie et l'appela Philadelphie, la cité de l'amour fraternel. Très rapidement, Philadelphie devient la ville la plus prospère et la plus active de l'Amérique coloniale. D'abord opposé à toutes les formes institutionnelles, car guidé par la lumière de la conscience intérieure, Penn finit par accepter la logique d'une organisation politique. Il convoqua une Assemblée élue en 1682, qui vota une constitution et une grande charte fut accordée en 1701.

La dernière colonie qui vient compléter l'Amérique anglaise est la Géorgie. Fondée en 1732 grâce à une Charte de colonisation obtenue par le général James Oglethorpe (1696-1785) qui est aussi membre de la Chambre des communes, la colonie est destinée à accueillir les prisonniers pour dettes et d'autres pauvres en quête de réinsertion sociale. La région est présentée comme une sorte de terre promise, grâce à la fertilité de son sol, et au charme de son climat.

L'intérêt particulier de la Géorgie est d'être un état - tampon entre la Floride occupée par les espagnols et la Louisiane française. Gouverneur de la Géorgie dès 1733, le général Oglethorpe est un homme d'action, aux buts clairs et précis. Se considérant lui-même comme de la race des fondateurs, il se vante de faire œuvre de charité et d'humanité, en voulant aider ceux qui souffrent sous le poids de la misère. Au début, le gouverneur refuse même le recours à une main- d'œuvre servile noire. Ce refus ne sera levé qu'en 1750, quelques années avant l'indépendance.

Le 17e siècle a donc vu se constituer le premier empire colonial anglais le long de la côte orientale de l'Amérique du Nord. Même si les débuts ont été difficiles, une économie prospère se met petit à petit en place. Alors que les Européens optent pour la fondation des comptoirs de commerce le long de la côte africaine, les Anglais s'engagent dès le départ dans un vaste projet à long terme de colonies de peuplement.

Quoique les débuts soient difficiles, la population dans les colonies augmente progressivement. Le noyau de base des établissements humains qui fondent les colonies est de 300 à 500 personnes. Même plus tard en 1680, la Pennsylvanie ne démarre qu'avec un groupe de 680 personnes.

Le facteur qui incite les immigrants à quitter l'Angleterre est soit d'ordre politique, soit d'ordre religieux. Les deux vagues migratoires les plus importantes sont celle des puritains pour des motifs religieux et celle des cavaliers (aristocrates et royalistes) fuyant la guerre civile autour des années Cromwell jusqu'à la Restauration, et jusqu'à la Glorieuse Révolution.

Au cours du 17e siècle, cinq colonies se détachent nettement en termes de populations. Elles représentent plus de 73 % de la population totale en 1710. La Virginie, le Massachusetts, le Maryland, le Connecticut, et New York, occupent le peloton de tête. Plus tard, la Pennsylvanie viendra s'ajouter aux cinq colonies majeures.

À partir de 1770, à la veille de l'indépendance, la Pennsylvanie a détrôné le Massachusetts et occupe la 2e place derrière la Virginie.

Même si la population américaine est majoritairement rurale, l'urbanisation progresse rapidement. Dans les années 1770, Philadelphie, la plus grande ville de l'Amérique compte déjà près de 30000 habitants, Boston près de 20 000. Bien entendu, les villes sont le siège des activités politiques, économiques et intellectuelles.

La variété du peuple américain est certainement une source de richesse et de créativité. Si les Anglais sont majoritaires au départ, il y a d'autres étrangers sur le territoire comme les Hollandais, les Suédois du Delaware, les Allemands, les Wallons, les Norvégiens, les Espagnols protestants, les Juifs sépharades, auxquels s'ajoutent les Noirs et les Amérindiens.

Au 18e siècle, la misère qui sévit en Allemagne occidentale, surtout en Rhénanie, pousse des milliers d'Allemands à émigrer en Amérique. Ils s'installent surtout en Pennsylvanie, mais ils poursuivent aussi leur percée jusqu'en Virginie et en Caroline du Sud. À la veille de l'indépendance, on évalue à environ 200 000 le nombre d'Allemands installés dans les colonies américaines.

L'autre groupe important est constitué d'Irlando-Écossais (Scotch-Irish). Protestants d'origine écossaise et irlandaise descendant des presbytériens, ils représentent environ 10 % de la population totale au moment de l'indépendance. Leur caractère vif et aventureux fait d'eux d'excellents pionniers. Ils se sont installés le long de l'Ohio, autour de Pittsburgh, au Massachusetts, dans les deux Carolines et en Virginie. Ils sont souvent en première ligne dans les combats contre les Indiens.

Un autre groupe numériquement peu important, mais dont l'influence fut très grande est celui des Huguenots français. Ayant fui la France après la Révocation de l'édit de Nantes en 1685, les Huguenots, qui sont connus pour leur caractère entrepreneurial, se sont installés à la fin du 17e siècle. Ils n'ont pas tardé à réussir dans des régions comme New York, Pennsylvanie, la Virginie et, surtout, la Caroline du Sud. Leur réussite est totale. Ils perdent rapidement l'usage du français et intègrent l'Église anglicane par souci de reconnaissance sociale. Certains ont fondé de grandes familles célèbres comme les Jay, les Delano, les Manigault en

Caroline du Sud ou les Forest de New York[35]. La diversité ethnique est indiscutable et elle constitue une richesse incroyable.

D'après les observations du français Michel – Guillaume Crèvecœur (1735-1813), qui est naturalisé dans la colonie de New York, l'Amérique est un creuset, un melting pot. Un Américain dit-il, c'est un mélange d'Anglais, d'Écossais, d'Irlandais, de Français, de Hollandais, d'Allemands et de Suédois. Des individus de tous les pays se fondent (fusion, melt) pour former une nouvelle race d'homme. Cette nouvelle race ne pouvait que réussir à bâtir un nouveau pays solide et prospère.

À cette époque, Crèvecœur ne parle pas encore de noirs dont la présence est presque invisible, alors que les 20 premiers esclaves noirs transportés sur un navire hollandais ont débarqué en Virginie en 1619. En près de deux siècles, il arrivera 523 000 esclaves noirs, un peu plus d'un demi-million. Les esclaves noirs s'adaptaient mieux au climat, surtout dans les plantations du sud, et bien entendu, coûtaient moins cher. À la veille de l'indépendance, plus d'un Américain sur 5 est un noir. Dans certaines colonies, le pourcentage est même supérieur à 20 %.

En Géorgie, où l'esclavage n'a été admis qu'à partir de 1750, vingt-cinq ans plus tard, on atteignait presque l'équilibre avec 18 000 Blancs et 15000 Noirs.

En Virginie, vers 1770, à la veille de l'indépendance, les esclaves noirs représentaient près de la moitié d'une population de 450 000 habitants. En Caroline du Sud, les Noirs sont presque deux fois plus nombreux que les Blancs.[36] Si les premiers Noirs ne furent pas au départ des esclaves, l'esclavage devient rapidement la règle surtout à partir des années 1660-1670.

Et la servitude à vie fut légalisée en 1661, avec l'adoption, par la Virginie, d'un code de l'esclavage qui allait servir de modèle dans d'autres colonies.

Quoiqu'hétérogène, la population coloniale subit une forte empreinte britannique, se laisse absorber par une unité de la langue et des institutions.

---

[35] LACROIX, J.M., op. cit., p.38

[36] Ibidem, p. 39

Malgré une certaine diversité dans les convictions religieuses, les premiers colons sont unis par le sentiment d'être des élus et d'avoir été choisis par Dieu pour peupler et évangéliser le nouveau monde. Tous se ressemblent par la force de leurs convictions, par leur intégrité, par leur droiture morale, et par les contraintes qu'ils s'imposent.

Mais, en fin de compte, les valeurs qui semblent compter avant tout pour cette population active demeurent le travail et l'énergie, éléments indispensables à la réalisation du profit. Sans parler du clivage nord-sud qui marquera l'histoire ultérieure, on observe que certaines spécificités caractérisent les différentes régions.

La région appelée Nouvelle- Angleterre formée par le Massachusetts (y compris le Maine et Plymouth), le New Hampshire, le Connecticut, Rhode Island, fondée entre 1620 et 1636 a été plus fortement marquée par l'influence puritaine, tant sur la vie privée que sur la vie publique. Les valeurs dominantes sont la vie morale, une certaine austérité, un goût prononcé pour le travail, et un esprit démocratique affirmé. Cette région a aussi développé une vie intellectuelle intense, dont Boston demeure le symbole le plus visible.

La région du sud comprend quatre colonies : du nord au sud, il y a la Virginie, les deux Caroline nord et sud, et la Géorgie. Les villes y sont moins développées, les ports sont moins actifs. C'est davantage une société de plantations de type aristocratique ayant mis l'accent sur la valorisation de la terre. Entre ces deux régions, se trouvent des colonies centrales ou intermédiaires formées par : le New York, le New Jersey, le Delaware, la Pennsylvanie et le Maryland.

Ces colonies subissent à la fois l'influence des colonies du sud et celle des colonies du nord. C'est pourquoi cette région sera souvent appelée à jouer le rôle d'arbitre et Philadelphie, capitale de la Pennsylvanie, jouera un rôle essentiel dans le développement politique de la jeune nation américaine.

Comme les colonies anglaises d'Amérique aspirent à l'expansion vers le sud et l'ouest, elles se heurtent à la présence française en Louisiane et dans la vallée de l'Ohio. La Nouvelle France est une réalité qui s'étend sur un immense territoire, allant de l'embouchure du fleuve St-Laurent à celle du Mississippi River.

L'empire français d'Amérique forme un immense arc de cercle de l'Atlantique nord au golfe du Mexique, arc qui encercle les 13 colonies anglaises en leur privant espace et mouvement. Pour les stratèges anglais, cette situation est inacceptable et l'affrontement inévitable.

La guerre décisive entre la Nouvelle France et l'Amérique britannique commence en 1754. Elle durera 7 ans. L'enjeu principal est le contrôle de la vallée de l'Ohio que les Français occupent, empêchant ainsi aux Anglais de poursuivre leur expansion vers l'ouest.

La guerre tourne à l'avantage des Anglais mieux soutenus par la métropole. En 1763, une grande partie du Canada passe à l'Angleterre et la Louisiane à l'Espagne. La perte d'influence française à l'intérieur de l'Amérique et autour des Grands Lacs est une évidence sans appel.

Avec le recul, il est possible de constater que les Français ont manqué de vision stratégique dans leur tentative d'installation en Amérique du Nord. Ils n'ont pas réussi à fonder une colonie solide le long de la côte Atlantique, une colonie qui aurait pu constituer un point d'atterrissage et un rempart de protection, afin d'éviter l'encerclement et l'isolement de Québec, avant d'avancer profondément à l'intérieur.

Cette guerre profite beaucoup aux colonies anglaises. Non seulement elles ont ouvert la porte d'expansion vers l'ouest, mais surtout, la guerre a rassemblé les colonies autour des intérêts communs. En même temps, un officier s'est distingué dans le commandement des armées au cours de cette guerre. Il s'appelle Georges Washington.

Cette lutte victorieuse contre la menace française laisse aux colonies anglaises le sentiment de force, de maturité et de confiance qui leur permet d'envisager l'indépendance, en se libérant de la tutelle britannique.

Sur le plan économique, on a souvent voulu associer le développement d'activités commerciales à l'esprit d'entreprise caractéristique de la mentalité protestante : esprit d'attachement au travail et au sens de l'épargne. Beaucoup d'observateurs s'accordent à reconnaître la supériorité économique des pays protestants par rapport aux pays catholiques. L'idéologie puritaine se nourrit de ces valeurs : travail acharné, discipline et austérité dans le comportement. Lorsque la recherche continue du savoir s'ajoute à ces valeurs, le développement suivra à coup sûr.

La première source de richesse naît du développement de l'agriculture qui passe rapidement de l'économie de subsistance à l'agriculture commerciale d'exportation. Dans l'Amérique de cette époque, les produits agricoles les plus rentables sont le tabac, le riz, mais aussi les céréales (maïs, seigle, orge, avoine, blé) ainsi que des fruits et des légumes.

Aux produits agricoles s'ajoutent ceux de l'élevage du bœuf, du porc, de la volaille, et des produits de la pêche. Très rapidement, on se rend compte d'un grand besoin de moyens de communication. Les produits agricoles sont exclusivement exportés vers l'Angleterre qui devient l'entrepôt de tous les produits à destination ou en provenance des colonies.

La puissance navale britannique assure la sécurité du commerce maritime, permet la conquête des colonies, et l'accroissement du commerce.

Sur le plan de la gouvernance, dans l'ensemble des 13 colonies, on retiendra surtout que ce qui caractérise ces premières institutions coloniales est le respect profond des contrats et des textes de loi écrits. C'est un élément très important. Le respect des écritures et des conventions, ainsi que le contenu même des Chartes attribuées aux fondateurs des colonies, constituent la base de la tradition constitutionnelle américaine.

Sur le plan intellectuel et culturel, les colonies anglaises d'Amérique n'ont pas perdu de temps. Les liens entre religion et culture étant étroits, les puritains et autres ministres du culte témoignent d'une formation intellectuelle respectable. L'exode de cerveaux formés à Oxford et à Cambridge a installé une véritable aristocratie du savoir dans les colonies anglaises d'Amérique. Par exemple, en Nouvelle-Angleterre, on relève en 1656, 130 diplômés d'Oxford ou de Cambridge pour une population de seulement 25000 habitants.

Les puritains tiennent beaucoup à éveiller les âmes et les esprits, en inculquant le savoir qui est le ferment principal du développement des sociétés. Les puritains sont associés à la création des premiers collèges suivant le modèle anglais. Harvard College est créé en 1636. Les anglicans fondent le 2e collège de Williamsburg en Virginie en 1693, Collège dans lequel Thomas Jefferson fut étudiant. Les puritains rigoristes fondent Yale (New Haven) en 1701, les presbytériens écossais fondent le Collège of New Jersey appelé plus tard Princeton en 1746.

Les anglicans établissent le King's College (la future Université Columbia) en 1754. Tandis que les baptistes fondent le Rhode Island College (actuelle Brown University) en 1764. Les réformés hollandais créent le Queen's College qui deviendra plus tard Rutgers en 1766. Et les Congrégationnistes établissent Dartmouth (New Hampshire) en 1769. Au total, ce sont 9 Collèges qui furent créés avant 1770, c'est-à-dire, bien avant l'Indépendance.

La mission assignée à ces Collèges est de former des responsables de la société américaine. Des lois scolaires rendent obligatoires les écoles primaires pour tous les enfants. Tous les citoyens doivent savoir au moins lire et écrire. Dans les écoles secondaires, l'enseignement classique côtoie la formation à vocation professionnelle. Les activités intellectuelles vont de pair avec la production de livres. La première imprimerie est fondée en 1639. Des presses se développent rapidement à Boston et à Philadelphie.

Entre 1669 et1690, on trouve déjà 20 librairies à Boston. En 1723, on trouve plus de 3000 titres d'ouvrages à Harvard, plus de 2600 volumes à Yale en 1742. En 1743, Benjamin Franklin fonde la société philosophique américaine. Il y a plus de 64 bibliothèques de prêt avant même la Révolution, car elles sont considérées comme le moyen idéal de civiliser les colonies.

L'Amérique coloniale n'est pas un désert culturel même si la culture coloniale est visiblement anglo-américaine. Les colonies se dirigent vers la révolution et l'indépendance et comportent de nombreux éléments qui les rapprochent. Les colons sont venus s'installer en Amérique en général pour des raisons semblables. Qu'il s'agisse de persécutions religieuses, de crises économiques et sociales, ou la recherche de l'aventure et du profit, ils ont, à la longue, hérité des traits culturels communs.

- La Révolution et l'indépendance

Treize années à peine se sont écoulées après la victoire contre les Français et, déjà, cette victoire a produit un effet remarquable sur la mentalité et sur la maturité des colonies. L'idée de devenir autonome commence à émerger.

L'arrivée du roi Georges III au trône en Angleterre, en 1760, a eu aussi son effet sur les relations de l'Angleterre avec les colonies. Contrairement à ses prédécesseurs, Georges III a une conception plus autoritaire et absolutiste de son pouvoir qui s'éloigne de l'esprit de la glorieuse Révolution[37].

Sous l'inspiration du Premier ministre Georges Grenville (1763-1765), l'Angleterre veut apporter des changements dans la gestion des colonies, en renforçant le pouvoir impérial. Parmi les actes qui vont susciter l'opposition en Grande-Bretagne, figure l'émission de papier- monnaie dans les colonies du sud (Virginie, Géorgie, les deux Caroline), en 1730. L'Angleterre veut contrôler le stock monétaire. Pour elle, la richesse d'une nation est en proportion directe de son stock d'argent ou d'or. En 1764, l'Angleterre sort une loi (The Currency Act) interdisant le papier- monnaie émis par les colonies américaines du sud.

Après la victoire contre les Français, l'Angleterre veut entretenir une armée de 10 000 soldats en Amérique du Nord pour veiller sur la défense des colonies.

Mais les colonies doivent à leur tour contribuer financièrement aux frais nécessaires au maintien de cette armée. De là vient l'imposition d'une nouvelle taxe aux colonies passant par le timbre, ou au Stamp act. Cette nouvelle taxe provoque indignation et frustration dans les colonies, car les colons supportent mal ce traitement de la part de Londres. Ils ne veulent pas payer un impôt qu'ils n'ont pas eux-mêmes consenti, c'est-à-dire qui n'a pas été

[37] LACROIX, J.M., op. cit., p. 66

voté par leurs Assemblées locales. Cette forme d'imposition leur paraît arbitraire.

Les colons, qui estiment avoir quitté l'Angleterre pour fuir la tyrannie, ne veulent plus ce genre de traitement autoritaire venu de qui que ce soit. Des actions de résistance s'organisent un peu partout dans les colonies pour s'opposer à la loi sur le timbre. Certains vont même jusqu'à brûler publiquement l'effigie du Premier ministre Grenville.

À Londres, les événements d'Amérique inquiètent et la loi sur le timbre (stamp act) est retirée. Mais le retrait de la loi n'est qu'une apparence car le gouvernement anglais vote en même temps la Loi déclaratoire (Declaratory Act) qui réaffirme la primauté du Parlement et de la Couronne sur les colonies. La Déclaration est ainsi rédigée : « *Les colonies ont été, sont, et par droit doivent être placées sous l'autorité et la tutelle de la couronne impériale et du parlement de Grande-Bretagne* ».

Pour réaffirmer cette autorité, en 1767, le Chancelier de l'échiquier, Charles Townshend, fait passer par le parlement les Townshend Acts qui imposent des droits sur une nouvelle série de produits. Déjà en Angleterre, la Révolution industrielle est en plein essor. James Watt vient de mettre au point le premier moteur à vapeur commercialement exploitable en 1765.

De nouveau, les colonies se mirent à boycotter les produits anglais importés sur lesquels pèsent ces nouvelles taxes. L'effet est spectaculaire et, de nouveau, Londres est obligé de reculer. En 1770, le parlement décide d'annuler les nouvelles taxes, sauf sur le thé.

Une paix relative s'installe mais en l'espace de 7 ans, de 1763 à 1770, les colons américains ont pris conscience de leur identité américaine en défendant des intérêts communs. Et, surtout, ils ont réalisé qu'ils ne doivent pas se soumettre à la tyrannie du gouvernement anglais. Leur nouvelle identité de fils de la liberté (Sons of liberty) ne fait que s'affirmer.

Les Britanniques qui ont émigré et se sont installés en Amérique revendiquent forcément la liberté et ne veulent plus la domination de Londres. Cela apparaît dans plusieurs publications un peu partout, du Massachusetts à la Virginie, en passant par Philadelphie.

Devant le comportement des colonies, la Couronne britannique durcit le ton et voulut, à son tour, réaffirmer davantage son autorité. Des heurts et des incidents entre les colons et les troupes anglaises se multiplièrent. Parmi ces incidents, le massacre de Boston en 1770, qui fit 3 morts et 2 blessés graves, fut ressenti comme le symbole de la tyrannie britannique. La fermeté du gouvernement anglais mena au Tea Act de 1773 et à la Tea party de Boston.

Pendant la nuit du 16.12.1773, des hommes déguisés en Indiens montèrent à bord d'un bateau de la Compagnie des Indes et détruisirent, en les jetant à l'eau plus de 340 caisses de thé. Cet acte d'insubordination fut considéré comme un défi à la Couronne et le roi Georges III décida de punir la cité rebelle, et le Massachusetts dans son ensemble.

Dans le même temps, comme pour freiner les ambitions américaines et leur expansion vers le nord canadien, la Couronne britannique adopta l'Acte de Québec en 1774, Acte qui fut particulièrement mal ressenti.

L'Acte de Québec assure la liberté religieuse pour les catholiques et restaure le droit civil français. Les Protestants américains, toujours opposés au catholicisme, considèrent que l'Angleterre cherche à les empêcher de s'étendre vers le nord-ouest.

Pire encore, l'Acte de Québec agrandit le territoire de la province, en y ajoutant toute la région située au nord de l'Ohio et à l'ouest des Appalaches. L'Acte de Québec eut pour effet de bloquer l'accès à la région des Grands Lacs. Les colons, qui prirent ces Actes de la Couronne britannique comme des représailles, commencèrent à fonder des comités qui furent à la base de la rébellion et de la lutte pour l'indépendance.

Devant la fermeture, à tout trafic, du port de Boston, tant que le thé détruit lors de la Tea Party ne serait pas remboursé, les congrès de protestation lancèrent le message que la cause de Boston était la cause de toute l'Amérique britannique.

Le mouvement de la lutte pour l'indépendance fut lancé par la réunion du 1er congrès continental le 5.9.1774 à Philadelphie, congrès suivi par le 2e congrès auquel participa Jefferson, le 10.5.1775 toujours à Philadelphie. Mais la guerre d'indépendance a déjà commencé, après la fusillade de Lexington, qui a fait 8 morts le 18 avril 1775.

Après le 2e congrès continental du 10.5.1775, les colonies sont irréversiblement engagées dans la Révolution et dans la guerre d'indépendance.

Le commandement en chef de l'armée continentale fut confié à Georges Washington, le même officier qui, d'une part, s'est distingué pendant la guerre contre les français et qui, d'autre part, appartient à l'élite de Virginie. Le 6 juillet 1775, le Congrès vote la Déclaration sur les causes et sur la nécessité du recours aux armes. Voilà qui semble annoncer la prochaine Déclaration d'indépendance.

La Déclaration de l'indépendance américaine réaffirmait et justifiait la nécessité de se séparer d'un souverain injuste et de résister aux excès de l'exécutif et de sa tyrannie, en rompant un contrat qui n'a pas été respecté par un roi despote, absolu et arbitraire.

Il n'y a pas de doute que la Révolution américaine a eu un effet sur les peuples européens, et a eu une influence certaine dans la genèse de la Révolution française de 1789. Mais il faut préciser que la Déclaration d'indépendance n'était pas encore l'indépendance.

Il faudra presque 7 ans de guerre entre la Déclaration et la conquête de l'Indépendance, qui a été reconnue en 1783, après la ratification du Traité de Paris.

Dans la Déclaration d'indépendance, il était réaffirmé l'égalité des droits pour tous les hommes, mais la Déclaration ne faisait pas de place aux Noirs tenus en esclavage. Cela ne surprenait personne. Les Noirs présents sur le sol américain étaient des fils d'Afrique, tandis que des colons blancs étaient des fils de la liberté. Les fils d'Afrique n'étaient pas égaux aux fils de la liberté. Les esclaves étaient considérés comme des biens.

Après la guerre d'indépendance, Georges Washington, le commandant en chef des armées, considérant que sa mission envers la nation américaine était terminée, retourna dans ses plantations. Les anciennes colonies devenues États indépendants, élaborèrent des Constitutions écrites, garanties supplémentaires contre des abus de pouvoirs éventuels. Chose remarquable, tous les états font précéder leur Constitution d'une Déclaration des droits, (Bill of Rights).

La Déclaration la plus ancienne était celle de Virginie. Adoptée le 12.6.1776, elle servit de modèle à tous les autres. Tous ces textes rappellent que les droits fondamentaux de l'individu sont la liberté, la propriété et le bonheur.

Même si des différends conflictuels subsistent entre les différents États, l'expérience commune de la Révolution a soudé les américains, créant une certaine fierté nationale, leur donnant une confiance dans le futur, même s'ils ne savent pas encore quelle forme ce futur prendra. Encore une fois, les pères fondateurs se mirent au travail pour la mise en place de la fédération et de ses institutions. Ce ne fut pas tâche facile de préparer le texte constitutionnel et de délimiter le partage des compétences entre le gouvernement fédéral et les États.

Ce ne fut pas facile de déterminer l'étendue des pouvoirs de l'exécutif, du législatif à deux niveaux et de la Cour Suprême des États-Unis. Tous les observateurs reconnaîtront l'intelligence de ces hommes et de ces femmes qui ont réussi à faire triompher, dans l'acte fondateur d'une République, le règne de la raison et de l'ordre, mettre un terme au hasard et à la violence, en faisant un gouvernement de lois et non pas d'hommes.

En faisant allusion aux institutions américaines, le premier président à moitié noir des États-Unis, Barack Obama, (entre 2008 et 2016), dira, à Accra au Ghana, lors de son premier voyage sur le continent noir, que l'Afrique a surtout besoin des institutions fortes et non d'hommes forts. Les dirigeants de nombreux pays et d'hommes forts n'ont certainement pas apprécié.

En 1789, les membres élus des deux Assemblées se réunissent à New York, alors promue au rang de capitale provisoire, et élisent, à l'unanimité, Georges Washington comme premier président des États-Unis. Le démarrage de ce grand État, doté d'institutions républicaines, reposant sur une Constitution écrite, le premier dans le monde occidental, au terme d'une révolution réussie, faisait naître beaucoup d'espoir. Personne ne pouvait douter que ce grand État allait connaître un destin particulier. L'entrée en vigueur officielle de la Constitution de 1787 était l'aboutissement d'un long processus, qui érigea les États-Unis en une nation.

La rupture avec la Grande-Bretagne, suivie, d'une part, par la Déclaration d'indépendance de Jefferson et, d'autre part, par une guerre de près de 8 ans, avaient été un saut dans l'inconnu. Mais, au finish, l'intelligence et le pragmatisme de ces hommes déterminés à faire du Nouveau Monde le pays de la liberté et de la prospérité, avaient triomphé.

- La montée en puissance

Le redressement et le développement de l'économie du pays seront principalement la responsabilité du gouvernement fédéral, après sa mise en place, à partir de 1789. La politique économique est l'œuvre d'Alexander Hamilton, secrétaire au Trésor dans le premier gouvernement de Georges Washington. Alexander Hamilton a été l'aide de camp de Georges Washington pendant la guerre d'indépendance. Il est connu pour être un homme d'ordre et un administrateur efficace. Il est, en plus, passionné par le développement économique de l'Amérique et fasciné par la monarchie parlementaire anglaise.

Son esprit est fasciné par cette Angleterre qui est engagée dans la Révolution industrielle. Réorganiser les finances et l'économie de l'Amérique constitue sa seule passion. En tant que secrétaire au Trésor, Hamilton défendit acharnement le projet qu'il présentait comme impératif, de restaurer le crédit public, en remboursant les titres de la dette publique à leur valeur commerciale, et en prenant, sur le compte du gouvernement fédéral, les dettes des États.

La deuxième réforme proposée par Hamilton est la création de la Banque des États-Unis. La banque qui devait réunir l'aide de l'État et des investissements privés pour pallier la faiblesse de rares banques existant à New York, à Philadelphie ou à Boston ; une banque capable d'émettre assez de billets et de monnaie métallique pour répondre aux besoins commerciaux.

Encore une fois, il se heurta à l'opposition d'hommes comme Jefferson ou Madison (tous deux futurs présidents) qui se basaient sur une interprétation stricte de la Constitution. L'affaire fut tranchée par la Cour Suprême en faveur du Secrétaire au Trésor, en se basant sur l'argument des pouvoirs implicites. Le président G. Washington lui-même prit position pour la proposition de Hamilton, malgré sa prudence et sa réserve habituelle. Et la première banque des États-Unis fut créée dès le 25 février 1791. Elle avait pour mission de contrôler l'émission monétaire et d'assainir la situation financière.

La troisième réforme proposée par Hamilton concernait la production manufacturière inspirée par la Révolution industrielle en cours en Grande Bretagne. Présenté en décembre 1791, son rapport ressemblait à un plan économique d'ensemble qui devait déterminer la vocation économique ultérieure des États-Unis. Sa proposition suggérait l'instauration de mesures protectionnistes visant à limiter l'importation de produits manufacturés en provenance de l'étranger, afin de stimuler et de préserver la production intérieure des États-Unis, jusqu'à la subventionner si nécessaire. Le principe de Hamilton était simple et clair.

« ***Chaque pays devrait produire sur son propre territoire tous les éléments nécessaires à la consommation intérieure de son peuple afin de consolider son économie et préserver sa liberté. Et la liberté qui compte le plus pour un pays et un peuple, c'est la liberté économique*** ».

À son époque, à la fin du 18e siècle, Hamilton était un visionnaire, un avant-gardiste, un peu en avance sur la plupart de ses concitoyens. La création d'une économie industrielle était nouvelle. Et sa proposition se heurta à l'opposition d'hommes encore convaincus que la principale richesse était fondée sur la mise en valeur de la terre. Même des hommes comme Thomas Jefferson étaient encore imprégnés de cette conception. Mais le développement d'une économie industrielle proposée par Alexander Hamilton allait s'imposer très rapidement et faire de l'Amérique la première puissance économique et industrielle du monde.

L'année 1800 marque le début du 19e siècle et l'arrivée de Thomas Jefferson à la présidence des États-Unis. Si, en Angleterre, la Révolution industrielle est en marche, l'Europe continentale est davantage marquée par des guerres napoléoniennes qui finiront par opposer l'Angleterre à la France. Le gouvernement Jefferson poursuit la politique d'organisation du pays, créa l'Académie militaire de West Point, en 1802, pour former une armée de professionnels.

Les deux successeurs de Jefferson, Madison (1809-1817) et Monroe (1817-1825) ne changeront rien à sa politique. Madison renforça la banque centrale des États-Unis et poursuivit la politique protectionniste, en adoptant une loi autorisant la hausse des tarifs douaniers vis-à-vis des produits textiles et de l'acier pour stimuler la production intérieure.

Comme le pays poursuivait son expansion vers l'Ouest, le besoin de voies de communication et moyens de transport se faisait sentir, et la banque centrale fut dotée d'un fonds de réserve de 1,5 million de dollars, afin de développer un système de routes susceptible de bénéficier à l'ensemble du pays. Des mesures supplémentaires sur les tarifs douaniers vis-à-vis des textiles et de l'acier furent de nouveau adoptées, en 1818 et 1819.

Dès l'année 1825, les premières lignes de voies ferrées étaient ouvertes en Angleterre et l'Amérique suivait de très près les progrès de la Révolution industrielle en Grande-Bretagne. Les années 1820 furent marquées par le renforcement du nationalisme économique.

Trois questions centrales dominaient le débat, le renforcement de la banque centrale, les tarifs douaniers, et le développement des moyens de transport. Dans l'ensemble, la vision d'Alexander Hamilton sur une liberté économique basée sur la production, à l'intérieur du territoire, de tous les éléments nécessaires à la satisfaction des besoins du peuple, planait sur l'orientation économique des gouvernements successifs. Dans l'entretemps, le président Jefferson a réussi un coup de maître, en achetant la Louisiane à la France, au prix dérisoire de 15 millions de dollars.

L'acquisition de la Louisiane, un immense territoire s'étendant sur plus de 220 millions d'hectares, situé entre le Mississippi et les rocheuses, avec un port très attractif de La Nouvelle-Orléans, était considérée, par les Américains, comme stratégique. Elle permet une navigation sécuritaire sur le Mississippi et éloigne définitivement la présence française dans la région. L'affaire est tellement importante que le président Jefferson a dû faire une entorse à ses principes et pris la décision d'acheter sans accord préalable du Congrès.[38]

Mais, ce fut véritablement à partir de 1815, avec la fin des guerres de Napoléon, avec le tracé de nouvelles frontières européennes, et avec la fin de la guerre de 1812 contre l'Angleterre qui revendiquait les droits maritimes, que les États-Unis entamèrent la période décisive de leur accession au rang de grande puissance.

Après l'acquisition de la Louisiane et de son port de La Nouvelle-Orléans, les dirigeants américains se tournèrent vers la Floride, qui était encore occupée par les Espagnols. Utilisant un mélange de négociations et de menaces, avec les incursions d'intimidation du général Andrew Jackson en 1817, les Américains obtinrent la Floride pour la modeste somme de 5 millions de dollars au terme d'un accord signé en 1819.

Désormais, les États-Unis jouissaient d'une totale liberté de mouvement le long de la façade maritime, allant jusqu'au Golfe du Mexique, qui facilitait les échanges commerciaux entre des États du sud comme la Géorgie, le Mississippi, l'Alabama et même le Tennessee.

En même temps, alors que le territoire s'agrandit vers l'ouest, après l'acquisition de la Floride et de la Louisiane, la population américaine croît, elle aussi, très rapidement, grâce à l'immigration. Passant de 4 millions d'habitants en 1790, à 7,2 millions en 1810, elle atteint 13 millions en 1830. Le nombre d'Européens qui émigrent aux États-Unis est impressionnant. De 50 000 personnes entre 1790 et 1800, il atteint 151 000 personnes entre 1820 et 1830.

Comme les moyens de communication et de transport sont encore précaires, la voie d'eau étant la seule utilisable en l'absence de routes, les Américains creusent des canaux pour relier les lacs aux grandes rivières.

Ainsi, le prolongement de la rivière Hudson vers le lac Érié, avec la construction du canal Érié long de 580 km, entre 1817 et 1825, permet de relier les Grands Lacs aux ports de l'Atlantique. Cette

---

[38] LACROIX, J.M., op. cit., p.137

réalisation facilita le trafic vers l'ouest, et le nord-Ouest, en attendant la construction des chemins de fer et de routes convenables.

Avec la construction de bateaux à vapeur, le transport des marchandises par voie d'eau était privilégié. Mais, la construction de routes commence déjà. Des sociétés privées investissent dans la construction de routes grâce au système de péages (Turn Pike). La première société à investir dans ce domaine était établie en Pennsylvanie. Et la première route de ce genre relia Lancaster à Philadelphie en 1794.

L'une des plus grandes réussites de ce mode d'investissement, dans la construction routière par des sociétés privées, fut la construction de la route nationale reliant Cumberland dans le Maryland, à Wheeling en Virginie dès 1818, et son prolongement jusqu'à Columbus, en Ohio, en 1833.

Après l'ouverture de la première ligne de chemin de fer en Angleterre en 1825, les États-Unis s'empressèrent de développer immédiatement la technologie anglaise, et la première ligne de voie ferrée fut inaugurée en 1830 depuis Baltimore au Maryland en direction de l'Ohio.

L'expansion, par la conquête, sera pratiquement terminée après la guerre contre le Mexique, de 1846 à 1848. Avec la capitulation du Mexique, les États-Unis obtiennent, pour la modeste somme de 15 millions de dollars, les territoires situés au nord du Rio Grande, c'est-à-dire la Californie, le Nouveau-Mexique et plusieurs autres États comme le Nevada, l'Arizona, le Wyoming, et le Colorado.

Considérant ces acquisitions comme un signe de la faveur divine et un mouvement de l'histoire, la marche vers l'ouest était terminée, et l'immense territoire conquis en l'espace d'un demi-siècle, territoire délimité par les deux océans, Atlantique et Pacifique, renforçait, dans les esprits, que ce pays devait connaître un destin exceptionnel. Il ne restait qu'à en faire la première puissance économique et industrielle du monde.

La poursuite de l'expansion territoriale a rendu encore plus nécessaire le développement des moyens de communication. La longue distance qui sépare l'est et l'ouest ne pouvait être raccourcie que par les progrès techniques. Comme la Révolution industrielle était en cours, la révolution dans le transport se plaça en tête des priorités.

La première route principale fut démarrée à Cumberland, dans le Maryland à l'Est, en 1811. Elle fut prolongée jusqu'à Chicago en Illinois. C'est une route à péage. Elle est macadamisée, large de 18 m, et longue de 1000 km. Elle préfigure les autoroutes modernes.

À côté des routes, les canaux se multiplient. Le chemin de fer fit aussi son apparition dès 1830. Depuis l'ouverture de la première voie ferrée en Angleterre en 1825, les États-Unis ont vite compris que ce moyen de transport était le mieux adapté à couvrir de longues distances, et qu'il convenait parfaitement pour ce vaste territoire.

La révolution du rail fut très rapide aux États-Unis. En l'espace de 20 ans, le train devenait le moyen de transport privilégié des marchandises de gros tonnage. Le train remplace même la voie d'eau pour relier la ville de Chicago, alors devenue le plus gros marché de grains céréaliers, aux ports de l'est sur l'Atlantique.

Comme moyen de transport, le chemin de fer s'impose rapidement comme l'une des plus grandes inventions de la Révolution industrielle, même à ses débuts. Le recours aux chemins de fer ne s'impose pas seulement aux États-Unis. Depuis l'ouverture de la première ligne en Angleterre, toute l'Europe s'efforce de suivre le rythme.

Pour mémoire, les chemins de fer sont construits en Belgique en 1835, et en France dès 1831. Ce fut l'ingénieur Marc Séguin qui se chargea de construire une locomotive pour la ligne Saint-Étienne – Lyon en 1831. En Allemagne, à partir de 1839, la première locomotive construite sur place, à savoir la Saxonia, circulait sur la ligne Dresde-Leipzig.

Et les États-Unis suivaient de très près tout ce qui se faisait en Angleterre et en Europe. Comme la plupart des citoyens américains avaient leurs origines en Grande-Bretagne ou en Europe, ils gardaient toujours leurs contacts, et l'importation des technologies développées en Angleterre se faisait facilement. Parfois, c'était les mêmes inventeurs anglais qui partaient s'associer aux Américains pour démarrer de nouvelles usines sur place, afin d'être les premiers à occuper ce vaste marché. C'est ce qui arriva pour la construction des voies ferrées, car les États-Unis suivaient le rythme de l'Angleterre.

Ce fut la Pennsylvanie qui se plaça au premier rang dans la construction des voies ferrées, avant d'être détrônée par l'État de New York, dans la fabrication de rails, dès 1851.

La construction des voies ferrées est confiée à des entreprises privées, ce qui fait que l'écartement des voies n'est pas toujours la même d'une région à l'autre. Quoi qu'il en soit, le chemin de fer réduit sensiblement les coûts et le temps du transport des marchandises et des personnes. Comme les inventions se multiplient tout au long du 19e siècle, une autre invention moderne vint bouleverser les habitudes de travail dans le monde des affaires.

Dès 1835, Samuel F.B. Morse (1791-1872) inventa le télégraphe électrique. Dès 1844, il était possible d'envoyer des messages et des nouvelles un peu partout dans le monde.

Avec ce nouvel outil de communication, les États-Unis pouvaient communiquer facilement à l'intérieur de ce vaste pays, mais aussi avec l'extérieur.

Grâce à la mise en service de bateaux à vapeur, les passages transatlantiques reliant les ports de l'est des États-Unis à l'Angleterre ou à l'Europe devenaient plus faciles et ouvraient des portes plus larges aux immigrants vers les États-Unis.

Mais ces différentes formes d'innovation et de développement économique ne se faisaient pas toujours dans les mêmes directions et au même rythme dans les différentes régions des États-Unis. Alors que le Nord s'engageait résolument dans l'industrialisation suivant le rythme de la Révolution industrielle en cours en Angleterre et en Europe occidentale, les États du Sud des États-Unis restaient toujours concentrés autour de l'agriculture du coton et du tabac, une agriculture favorisée par l'exploitation de l'esclavage. Ce clivage allait entraîner à brève échéance, d'importantes conséquences sur la stabilité même de l'Union.

Au nord, les inventions techniques apportaient des solutions pour pallier à l'absence d'une main-d'œuvre qualifiée. L'invention de la moissonneuse à blé de Cyrus Mc Cormack en 1831, la Herse à disques rotatifs de S. Page en 1847, la moissonneuse-lieuse de

John Appleby (1858), la machine à coudre d'Élias Howe (1846) perfectionnée par Isaac Singer (1851), la machine à écrire, et beaucoup d'autres inventions facilitaient, de plus en plus, le travail et la production.

Mais l'invention décisive d'Élie Whitney, qui avait déjà mis au point l'égreneuse à coton en 1793, fut de concevoir un système d'assemblage à la chaîne de pièces interchangeables. Cette nouvelle forme de standardisation fut pratiquée par Samuel Colt, dans la fabrication d'armes ; elle se répandit facilement dans toute l'industrie mécanique.

L'industrie du textile, qui était l'un des piliers de l'économie des États du nord, appelée la ceinture manufacturière (belt manufacturing), tira aussi profit de cette modernisation. Désormais, le mode de production en grande quantité remplaçait la production artisanale encore pratiquée en Europe.

Avec de tels progrès, qui étaient de surcroît continus, et avec le changement des modes de production, combiné aux aspirations à la liberté, et aux principes moraux, le débat sur l'abolition ou sur le maintien de l'esclavage ne pouvait pas manquer de diviser le nord et le sud[39].

À titre d'exemple, la Pennsylvanie avait aboli l'esclavage en 1780, au lendemain de la Déclaration d'indépendance. Mais le mouvement abolitionniste ne prit vraiment de l'ampleur que depuis les années 1830. C'est aussi à partir de 1830 que les débats du parlement britannique sur l'émancipation sont diffusés aux États-Unis.

La presse, les médias, les auteurs de livres s'emparent aussi du sujet et dénoncent sans arrêt l'inhumanité de l'institution de l'esclavage. C'est aussi à cette époque que fut publié l'un des plus grands succès de librairie de l'époque « La case de l'oncle Tom » qui paraît en 1852.

Même si Harriet Beecher-Stowe, son auteur, n'avait jamais vécu dans le sud esclavagiste, sa maison, dans l'Ohio, servait de refuge, près du passage souterrain du chemin de fer, aux esclaves fuyant leur condition. Ce réseau souterrain de chemin de fer permettait

[39] LACROIX, J.M., op. cit., p. 208

l'évasion clandestine d'esclaves. Les fugitifs partaient se réfugier dans le nord, surtout au Canada qui avait aboli l'esclavage depuis 1833. Environ 50 000 esclaves en fuite auraient transité par ce réseau.

Selon les planteurs des États du Sud, pour lesquels l'esclavage des Noirs était la clé indispensable à la survie et à la rentabilité du système de plantation, c'était trop. Le thème du maintien ou de l'abolitionnisme continua à diviser l'opinion et la politique aux États-Unis, au milieu du 19e siècle. Personne ne pouvait plus rester indifférent. Le fossé se creusait de plus en plus profondément au point de menacer la survie même de l'Union.

Les États esclavagistes du sud agricole n'hésitaient pas à brandir le chantage de la sécession. L'esclave étant considéré, dans le droit américain, comme un bien et non comme une personne, les esclavagistes estimaient de leur droit de réclamer la restitution d'un esclave pris en fuite.

Selon les esclavagistes, personne ne pouvait être privé de son bien sans procédure légale et régulière. Statuant dans ce sens, un arrêt de la Cour Suprême de Taney avait prononcé une fameuse décision qui fit date dans l'affaire Dred Scott V.Sandford.

La Cour Suprême s'était prononcée en disant que le Congrès n'avait pas le droit d'interdire l'esclavage dans les territoires. Elle refusait de considérer comme libre un Noir ayant séjourné en Illinois et au Wisconsin, un État et un territoire non esclavagistes.

Selon la décision de la Cour Suprême, un Noir (même libre) n'était pas citoyen et ne pouvait se réclamer d'aucun droit. Il ne pouvait pas intenter un procès. Partant de ce postulat, la Cour Suprême affirmait qu'aucun citoyen ne pouvait être privé de son bien sans procédure légale régulière.

Les débats sur l'esclavage créaient un climat de violence et envenimaient la situation politique, à tel point que les États sudistes prirent la décision, en 1859, de bloquer toute candidature à la présidence des États-Unis, d'un homme qui n'est pas clairement en faveur du maintien de l'esclavage. C'est dans ce climat qu'allait se dérouler la campagne d'Abraham Lincoln, avocat et étoile montante de l'Illinois.

Cet État reste symbolique à plus d'un titre. C'est à partir de Chicago, en l'Illinois, que 150 ans plus tard, le sénateur Barack Obama, dont le père, diplômé lui-même de l'Université Harvard et d'origine kenyane en Afrique, allait démarrer sa campagne, pour devenir premier président à moitié noir des États-Unis.

Le candidat Abraham Lincoln ne s'était pas ouvertement prononcé en faveur de l'abolition de l'esclavage, car selon son point de vue, même toutes les puissances de la terre ne le pouvaient pas. Mais les États du sud considéraient sa position plutôt ambiguë et soupçonnaient en lui le penchant vers l'abolition.

Dans un climat politique pareil, les États-Unis se dirigeaient vers la plus grande crise existentielle de leur histoire, vers la guerre civile la plus atroce, une guerre opposant des frères, une guerre douloureuse et meurtrière.

Le recensement de 1860 fait état de près de 4 millions d'esclaves, 3 953 742 plus exactement, pour une population totale de 31.5 millions d'habitants.

La répartition est évidemment inégale selon les États. Dans certains États du sud à plus forte concentration d'esclaves, États appelés le sud profond, ou dans les États côtiers, comme la Caroline du Sud, le Mississippi, la Floride, la Géorgie, la Louisiane ou l'Alabama, où se trouvent les plus grands propriétaires, la question est véritablement cruciale.

En moyenne, un propriétaire possède environ 10 esclaves. Moins de 1 % possèdent 100 esclaves et 15 seulement en ont plus de 500[40].

Il est important de rappeler que tous les Noirs présents sur le sol américain à cette époque ne sont pas des esclaves. Les Noirs libres, descendants d'esclaves émancipés à l'époque de la révolution, sont environ 483. 620, soit environ 10 % de la population noire. L'élection d'Abraham Lincoln, en 1860, qui n'a pas fait campagne dans le sud, montre un pays profondément divisé.

Même si Lincoln ne s'est pas prononcé en faveur de l'abolition là où il est implanté, car il sait qu'il n'en serait pas capable même si

[40] LACROIX, J.M., op. cit., p. 223

tous les pouvoirs de la terre lui étaient confiés, son élection conduit à la sécession avec la création des États confédérés.

Né d'une famille de pionniers installés d'abord au Kentucky, ayant ensuite émigré en Indiana avant de se fixer en Illinois, Abraham Lincoln a fait tous les métiers avant de devenir avocat à Springfield, puis membre de la Chambre des représentants. Comme beaucoup de ses contemporains, Lincoln n'est pas en faveur de l'égalité politique et sociale entre les Blancs et les Noirs. Il croit en la supériorité de la race blanche, mais il estime que les deux groupes sociaux peuvent vivre ensemble, même si l'un des groupes occupe une position supérieure et l'autre, une position inférieure.

Les États confédérés du sud semblent mettre tout le monde devant un fait accompli. Mais le nouveau président Lincoln ne l'entend pas de cette oreille. Dès sa prise de fonction officielle, il fait savoir que son but essentiel est de sauvegarder l'Union et non de sauvegarder ou de détruire l'esclavage. Il rappelle avec fermeté que l'Union a précédé la Constitution et qu'aucun État n'est légalement fondé à quitter l'Union. Il rappelle que le pacte fédéral ne peut être unilatéralement rompu et que toute scission est donc nulle et non avenue.

Il rappelle en même temps que tout acte de violence contre l'autorité des États-Unis sera considéré comme de nature insurrectionnelle ou révolutionnaire[41]. Lincoln demande même aux États confédérés de ravitailler, en vivres, le fort Sumter, qui est dans le port de Charleston, en Caroline du Sud.

Au lieu de le ravitailler, les sudistes bombardent le fort dont la reddition est acquise dès le 13.4.1861. La guerre de Sécession vient de commencer. Elle durera quatre ans, de 1861 à 1865. Cette guerre civile sera particulièrement meurtrière. Elle fit plus de 620 000 morts ; 360 000 du côté de l'Union, et 260 000 du côté des Confédérés.

Au moment de la guerre, les forces en présence sont inégales. Le nord abrite plus de 80 % des usines. La production du charbon et de l'acier est au nord. Les finances plus solides, soutenues par un

---

[41] LACROIX, J. M., op. cit., p. 232

système bancaire plus sophistiqué sont au nord. Le réseau des chemins de fer est plus développé au nord. Une population plus importante est aussi au nord.

Essentiellement agricole et sans technologie, le sud paraît plus vulnérable. Mais le sud est plus motivé. Ayant la responsabilité de l'initiative, comptant aussi dans ses rangs des officiers d'expérience, son armée réussit à résister et à se battre pendant quatre ans. Le nord prendra le temps de former des généraux tels que William T. Sherman ou Ulysse S. Grant qui conduiront son armée à la victoire.

Après la guerre, il y aura plusieurs leçons à tirer de ce conflit. Les États-Unis ont particulièrement expérimenté les techniques de la guerre moderne. Déjà en avance dans les progrès techniques, le développement économique et industriel s'accéléra encore plus pendant les 4 ans de guerre, pour satisfaire aux besoins engendrés par le conflit. La population aussi a augmenté pendant la guerre, car plus de 800 000 immigrants sont arrivés pendant cette période.

Comme l'exploitation des mines d'or et d'argent bat son plein dans des États comme la Californie ou le Colorado, et que d'autres États se forment comme le Nevada, les deux Dakota et le Kansas, le développement du chemin de fer suit au même rythme.

Sans même attendre la fin de la guerre, le gouvernement fédéral décide de construire un chemin de fer transcontinental pour relier la vallée du Mississippi à la Californie. Il vota même une loi à cet effet : le Pacific Rail Road Act. Moyennant de généreuses subventions, deux compagnies privées, l'Union Pacific et le Central Pacific s'engagent à construire et à exploiter ensuite cette nouvelle ligne. Elle sera achevée en 1869, quatre ans après la fin de la guerre.

La construction du chemin de fer transcontinental a un profond impact sur plusieurs secteurs de l'économie. Elle s'accompagne d'une forte demande de produits métallurgiques, active la production de fonderies et d'aciéries, accroît la compétence de plusieurs branches de l'ingénierie (génie civil, mécanique, métallurgique, électrique) sans parler de milliers d'emplois directs ou indirects créés.

Décrétée pendant la guerre, une autre mesure importante sur l'économie du nord fut la réorganisation du secteur bancaire, de façon à mettre en place un système bancaire national solide. L'instauration d'un impôt sur le revenu et l'élévation des tarifs douaniers, permettent à l'économie du nord de gérer la dette nationale qui est passée de 65 millions à 2.5 milliards souscrits sous la forme de bons du trésor.

Alors que l'économie du nord sort renforcée de la guerre, le sud, dont l'économie était basée sur la monoculture du coton, du tabac, et sur l'exploitation d'une main-d'œuvre esclave, est complètement ravagé et détruit à la fin de la guerre.

Dès le début de la guerre, la question de l'abolition de l'esclavage se pose rapidement. Même si le désir du Président Lincoln est d'abord de préserver l'Union, avant de s'attaquer à cette épineuse question, il est mis sous pression par certains membres de son gouvernement, qui étaient ouvertement abolitionnistes. En plus, certains généraux de son armée libèrent systématiquement les esclaves dans les régions conquises ou refusent de rendre à leurs propriétaires les esclaves en fuite.

Dès la première année de la guerre, des milliers d'esclaves fugitifs veulent s'engager dans les troupes fédérales, pour aider à mettre à genoux la confédération sudiste et esclavagiste. Placé sous pression, le Congrès, ayant déjà adopté un texte interdisant le renvoi des esclaves fugitifs à leur maître, vota un deuxième texte (The second confiscation act de 1862), affranchissant, pour toujours, les esclaves rebelles fugitifs ou capturés.

Mais le président Lincoln se prépare aussi à se représenter aux élections de 1864. Sa victoire est loin d'être assurée. De là vient la prudence des mesures qu'il prend. Perçu comme l'homme de la réconciliation nationale, le président Lincoln a toutefois gagné le respect de l'électorat par son calme et sa modération, même dans les circonstances aussi graves. Il est réélu sans surprise en novembre 1864 pour un deuxième mandat.

Sans tarder, le Congrès adopta le 13e amendement à la Constitution fédérale et l'esclavage fut définitivement aboli sur l'ensemble du territoire des États-Unis. L'amendement est proposé le 1er février 1865 et approuvé le 18 décembre de la même année.

Même si le président a dû peser de tout son poids pour obtenir le vote de deux tiers des membres du congrès, tout le monde est conscient que le 13e amendement constitue la meilleure façon de conclure la guerre quels que soient ses dangers et ses conséquences. Et les dangers étaient très grands. Le président Lincoln sauva les États-Unis mais paya de sa vie la décision de combattre la confédération sudiste, sécessionniste, et esclavagiste. Cette décision ultime du Congrès d'abolir définitivement l'esclavage sur tout le territoire des États-Unis demeure un héritage de sa présidence.

Alors qu'il était partout triomphalement ovationné particulièrement par les Noirs, le 14 avril 1865, un Vendredi saint, Lincoln est assassiné, au Théâtre Ford de Washington, par John Wilkes Borth, un sudiste qui se faisait passer pour un demi-fou. Le coup est terrible. Il fait peur dans le camp des vainqueurs comme dans celui des vaincus. Mais tout le monde est d'accord pour reconnaître que Lincoln entrera dans l'histoire comme l'un des plus grands présidents des États-Unis.

Avec calme et modération, à des moments extrêmement graves, il avait su prendre des décisions courageuses et déchirantes, en ayant pleinement conscience de la gravité des circonstances dans l'histoire de son pays et de son peuple. Son assassinat a-t-il été une surprise pour lui ? Personnellement, je pense que non. Lincoln savait à quel point l'esclavage était une monstruosité extrêmement dangereuse. Il savait que toute l'économie agricole des États du sud et la rentabilité du système des plantations reposaient sur l'exploitation d'une main-d'œuvre servile noire. Lincoln avait toujours été très prudent, hésitant à prendre position sur la question, car il en connaissait la portée. Mais, après cette guerre, qui avait fait plus de 600 000 morts dans les deux camps, il estimait de son devoir d'aller jusqu'au bout et de signer, en tant que Président des États-Unis, l'abolition de l'esclavage, même au péril de sa vie.

Mais, à bien voir les choses, l'assassinat du Président Lincoln n'est pas dû à l'abolition de l'esclavage seule. Son assassinat résulte même du fait d'avoir refusé la sécession, allant jusqu'à engager la guerre qui a conduit à la défaite de l'armée sudiste et de la confédération des États esclavagistes. La défaite de l'armée et des

États sécessionnistes du sud a blessé tant d'orgueil, ruiné tant de familles, sans parler du nombre de victimes, elle a causé une profonde humiliation à ces milliers de sudistes. Sa mort était la réponse et la vengeance contre l'humiliation des vaincus. C'était, en quelque sorte, le prix à payer, afin d'atténuer l'amertume des cœurs meurtris, pour adoucir les raisins de la colère (the grappes of wrath), pour reprendre le titre d'un roman de John Steinbeck, roman qui a été écrit quelques années plus tard.

Après sa mort, il appartenait à son vice-président, Andrew Johnson (1808-1875) qui prêta serment et devint Président dès le 15 avril 1865, au lendemain de l'assassinat de Lincoln, d'assumer la lourde charge de la réconciliation et la reconstruction.

Lincoln gardera une place spéciale dans l'histoire de cette Amérique qui reste un pays unique. Il a eu le courage exceptionnel de refuser la sécession et les États confédérés. Il a engagé le pays dans une guerre civile très meurtrière et il l'a gagnée. Sa mort le garda à l'abri des scandales de corruption de l'après-guerre. Ayant été le président de la guerre et de la victoire, de l'abolition de l'esclavage au niveau constitutionnel, avec sa mort, sa réputation demeura intacte.

La guerre civile américaine a éclaté au début de la 2e moitié du 19e siècle. C'est une période au cours de laquelle la Révolution industrielle bat son plein et engage la vitesse de croisière, que ce soit en Grande-Bretagne où elle est née, en Europe continentale ou en Amérique du Nord.

Selon de nombreux observateurs, c'est une période dominée par la course à l'argent et par une certaine vulgarité morale. C'est un demi-siècle marqué par un incroyable développement matériel. Aux États-Unis, la Révolution industrielle s'accélère véritablement après la guerre civile. Les 30 prochaines années de l'après-guerre connurent une croissance exceptionnelle. Ces années correspondent à la 2e phase de la Révolution industrielle en Grande-Bretagne, en Allemagne, en Belgique ou en France.

C'est l'ère de la combinaison des sciences et des inventions, avec effet direct sur le développement des techniques et des technologies. Une grande partie de l'Amérique de 1860 est encore essentiellement rurale. Même si l'Amérique dispose déjà d'un réseau de chemins de fer non négligeable, la période d'industrialisation massive se met en route à partir des années 1870, presque en même temps qu'en Allemagne.

L'augmentation de la production industrielle au cours des 25 dernières années du 19e siècle est spectaculaire. De l'industrie lourde à la transformation, l'industrie américaine bat tous les records. Dès 1890, la production des États-Unis, dans le secteur industriel, égale celle de l'Angleterre, de l'Allemagne, et de la France réunies[42].

En passant de 5 369 millions de dollars en 1880 à 9 372 millions de dollars en 1890, la valeur ajoutée de la production a doublé en une décennie. L'essor industriel de l'Amérique dès la fin du 19e siècle tient à plusieurs facteurs.

L'exploitation d'abondantes ressources naturelles, la mise en place d'un solide système bancaire favorable au développement des marchés de capitaux, et la multiplication d'inventions technologiques qui modifient et augmentent la productivité.

La mécanisation de la production qui se fait sur une plus grande échelle, la révolution du travail et la transformation des matières premières en produits manufacturés, ainsi que la mise en place d'un système de transport efficace sont aussi des facteurs qui favorisent la croissance de l'économie américaine.

À cela s'ajoute l'existence d'une main-d'œuvre abondante sur un marché intérieur sans cesse en expansion. L'autre atout majeur est l'existence de matières premières et l'exploitation de métaux précieux. Le charbon est abondant dans différentes régions, les gisements de fer les plus riches du monde au nord du Michigan et dans d'autres régions, favorisent la multiplication de fonderies et d'aciéries, surtout dans des États comme la Pennsylvanie, Wisconsin, Michigan et ailleurs. En 1900, la production d'acier des États-Unis représente celle de l'Angleterre et de l'Allemagne réunies.

À ces ressources minérales, déjà abondantes, viendront s'ajouter des gisements de pétrole découverts dans différentes régions du pays. En 1900, les États-Unis sont les premiers producteurs et

42 LACROIX, J.M., op. cit., p. 270

consommateurs de pétrole dans le monde. L'émergence de la plus grande puissance économique du monde était déjà en marche.

Bien évidemment, l'abondance des ressources à elle seule n'aurait pas suffi, si les inventions technologiques n'avaient pas suivi. Dès les années 1830, avec l'apparition du chemin de fer et des locomotives, le besoin de produire des rails en acier accéléra les inventions dans des domaines comme la métallurgie ou la mécanique.

Parmi ces inventions, celle d'un forgeron du Kentucky, William Kelley qui consiste à insuffler de l'air dans le fer en fusion et à transformer le fer en acier, fut exploitée à une plus grande échelle par l'ingénieur anglais Henry Bessemer. Le nouveau procédé Bessemer allait faire la fortune de plusieurs producteurs d'acier comme Carnegie aux États-Unis ou Krupp en Allemagne, et ailleurs dans le monde. La mise en service de l'électricité, par Thomas Edison en 1879, accéléra encore davantage le progrès technique et le développement industriel aux États-Unis et en Europe.

D'autres inventions, comme l'utilisation de la force hydraulique, la découverte de la dynamo, permettent de remplacer la vapeur par l'électricité dans de grands barrages. L'utilisation des rails en acier dans les chemins de fer, l'exploitation de lignes télégraphiques, auxquelles vient s'ajouter une autre invention majeure, l'appareil téléphonique, inventé par l'immigrant écossais Alexander Graham Bell, créent définitivement dans l'imaginaire collectif, l'irrésistible mythe américain.

Des machines agricoles sont inventées presque chaque jour ; elles vont modifient le rendement de l'agriculture. Un fermier de l'Illinois fit fabriquer le fil barbelé en 1874 pour contenir ses troupeaux, protéger ses cultures, et modifia les conditions matérielles de la vie quotidienne.

Déjà la moissonneuse McCormack de Chicago connaissait un énorme succès. Grâce à la conquête et à la mise en valeur de l'ouest, les surfaces cultivées ont plus que doublé, et la culture extensive s'est généralisée dans les grandes plantations. Vers la fin du 19e siècle, les États-Unis occupent la première place pour de nombreux produits agricoles.

À titre d'exemple, en 1899-1900, les États-Unis fournissent plus de 80 % de la production mondiale du coton. L'Amérique devient le plus grand producteur de blé, de maïs, de bovin et de porc, de fruits et de légumes, et même de vignobles de Californie.

En même temps, le développement des machines-outils favorise la production en série dans différentes sortes d'industries, mécaniques, chimiques, textiles, ou alimentaires. C'est grâce à ces inventions que les abattoirs de Chicago en Illinois, les brasseries de Milwaukee au Wisconsin, les minoteries de Saint-Paul et de Minneapolis, ont atteint un niveau de développement et de production particulièrement élevé.

L'invention, par Remington, de la machine à écrire, apporte aussi sa part, dans le confort de la vie quotidienne et des affaires.

À l'aube du 20e siècle, tous les observateurs sont émerveillés par de nombreuses et grandes inventions réalisées au cours de la 2e moitié du 19e siècle, inventions qui ont fait triompher la Révolution industrielle.

L'utilisation du chemin de fer a profondément modifié les conditions de transports et, du même coup, a stimulé la croissance industrielle, en reliant les zones de production aux marchés de consommation et aux ports d'exportation. Sans être le moteur principal du développement ou de la Révolution industrielle, le chemin de fer reste, néanmoins, l'un des symboles les plus marquants du progrès industriel aux États-Unis, et en Occident en général.

La construction des voies ferrées transcontinentales eut un impact profond sur la croissance économique. Mais, la conception et la construction de chemins de fer ne sont pas toujours chose facile. Elles doivent surmonter des difficultés d'ordre technique, économique, politique et financier. Il a fallu l'adoption d'une loi (La Pacific rail road act) autorisant la construction d'un chemin de fer transcontinental entre, Sacramento en Californie, et Omaha dans l'Iowa.

Pour la réussite du projet, deux compagnies privées furent créées : l'Union Pacific qui travaille à partir de la vallée du Missouri à l'Est, et la Central Pacific, qui part de Californie. La liaison entre l'Atlantique et le Pacifique fut complétée à Promontory Point, dans l'Utah, le 10.5.1869[43].

Après le succès de ce premier transcontinental, d'une longueur de près de 3000 km, d'autres lignes vont suivre et avec le même succès. Dans l'ensemble, avant 1890, quatre autres transcontinentaux, qui viennent s'ajouter au premier, seront construits, à savoir la Southern Pacific (1882), reliant Los Angeles à la Louisiane, le Northern Pacific (1883), le Santa Fé (1884), et le Great Northern (1893) qui longe la frontière canadienne.

La construction de ces chemins de fer a été l'œuvre de compagnies privées parfois associées à des investissements étrangers. Pour mieux gérer l'exploitation, le gouvernement doit intervenir en concertation avec des compagnies, pour réglementer les tarifs et imposer une certaine uniformité.

Sans une loi, l'énorme appétit des compagnies privées pour les profits aurait des effets nocifs et des répercussions négatives sur les usagers du transport.

Dans le même temps, au Canada au nord des États-Unis, la construction d'un chemin de fer transcanadien reliant les provinces de l'Atlantique à la Colombie-Britannique, à l'ouest, était mise en chantier entre 1880 et 1885.

En 1871, la construction du chemin de fer transcanadien avait été l'une des conditions posées par la Colombie-Britannique pour se joindre à la Confédération canadienne. Ce n'était pas facile non plus. Les financements manquaient, la main d'œuvre aussi.

Pour pallier le problème de la main d'œuvre, l'ingénieur américain Andrew Onderdonk, chargé de construire la portion du chemin de fer d'environ 615 km, en Colombie-Britannique, a dû aller chercher des ouvriers en Chine. Entre 1880 et 1885, près de 17 000 ouvriers chinois ont traversé l'océan Pacifique pour venir travailler sur le chantier de construction du Canadien Pacific.

---

[43] LACROIX, J.M., op. cit., p. 283

Ces ouvriers chinois venaient, pour la plupart, du sud de la Chine, dans la province de Guangdong près du port de Guangzhou (Canton) et du port de Hong Kong[44].

Pour conclure cette première partie de la révolution dans la création de la richesse, l'industrialisation des États-Unis, comme celle de l'ensemble des pays d'Europe occidentale, est totale à la fin du 19e siècle. La guerre de Sécession a propulsé la production industrielle particulièrement au nord, dans les États formant ce qui est appelé « ceinture manufacturière » et les États de la Côte-Est.

Après la construction des chemins de fer est venue s'ajouter la construction automobile, par Henry Ford, notamment vers les années 1890. La fabrication de l'automobile constitue, en quelque sorte, le couronnement de ce siècle d'inventions et de progrès technique.

D'énormes fortunes, regroupées en trust, ont été constituées à l'instar d'Andrew Carnegie (1835-1919), le roi de l'acier, de John Rockefeller (1839-1937) avec la Standard Oil Trust ; des banques puissantes, comme la J.P.Morgan, se sont affirmées sur le marché, et le rêve américain a conquis le monde entier.

---

[44] YEE Paul, De fer et de sang, la construction du chemin de fer canadien, Ed. Scholastic, Toronto, Ontario, 2010

SECONDE PARTIE

7. La deuxième Révolution de l'ère post-industrielle

- De l'électronique à l'informatique

La première génération de la révolution industrielle a remplacé la force musculaire de l'homme par la force motrice et par la machine. La seconde révolution, qui est celle de l'électronique, vise à remplacer l'intelligence de l'homme par – ou à la compléter avec – celle de machines dénommées ordinateurs. Il s'agit, en somme, de faire cohabiter l'intelligence de l'homme avec l'intelligence artificielle.

L'aventure de l'électronique remonte aussi à très loin. Dès le 18e siècle, Stephen Gray (1670 -1736) étudie les phénomènes de conductibilité et d'électrisation et devient l'un des fondateurs de l'électrostatique, c'est-à-dire, cette partie de l'électricité qui traite des charges électriques et non de l'action des courants.

Les deux types d'électricité (positive et négative), qui représentent les deux aspects d'une même réalité, ont été étudiés par le Français Charles François de Cisternay du Fay, en 1733. Après lui, le Hollandais Van Musschenbroek étudie la bouteille de Lyde, ancêtre des condensateurs.

Il s'agit d'une bouteille de verre à l'intérieur de laquelle plonge un élément métallique revêtu d'étain ou d'aluminium. Le verre sépare les deux électrodes du condensateur. Si on touche la bouteille avec les deux mains, on décharge la bouteille (électrocution).

Travaillant sur le même terrain de recherche, Charles de Coulomb (1736-1806) établit les bases expérimentales du magnétisme et de l'électrostatique. Mais ce fut l'écossais Maxwell (1831-1879) qui établit les équations générales du champ électromagnétique, c'est à dire les perturbations qui se propagent dans l'espace et qui sont aussi bien des ondes radio que la lumière. Les équations générales du champ électromagnétique constituent réellement l'un des piliers de l'électronique[45].

Mais, l'existence d'ondes électromagnétiques établies théoriquement par Maxwell restait à prouver de façon expérimentale. Ce fut l'œuvre du physicien allemand Heinrich Hertz en 1887. Les recherches du physicien mettent en évidence les ondes hertziennes. Une année plus tard, en 1888, le physicien français Branly, alors professeur à l'Institut catholique de Paris, démontra le phénomène de la cohésion des poudres métalliques sous l'action d'ondes électromagnétiques. C'était l'avant-dernier maillon d'une chaîne dont le dernier sera l'invention de l'auteur, qui mènera à la naissance de la radio.

Avec la radio, la communication à distance changeait de nature, car ce sont des ondes qui voyagent dans l'espace à la vitesse de la lumière et assurent la liaison entre l'émetteur et le récepteur. Mais, la liaison radio sera établie par le russe Alexandre Popov.

Reprenant les expériences de Hertz, de Branly et de Joseph Lodge, Popov met au point un dispositif complet de réception qui est présenté le 7.5.1895, à l'École des torpilleurs de Cronstadt, où il travaillait comme Assistant à la Chaire d'électricité. Une véritable liaison hertzienne, entre un émetteur à étincelles et un récepteur, a lieu le 24.3.1896, en présence de membres de la Société russe de chimie et de physique. L'émetteur se trouvait dans les locaux de l'Institut de Chimie de Saint-Pétersbourg, tandis que le récepteur se trouvait à quelque 250 mètres de là, dans la salle d'un ancien cabinet de physique. Même si la distance paraît courte, c'était suffisant pour une démonstration de faisabilité[46].

Deux ans plus tard, en France, Eugène Ducretet, établit le 5.11.1898, une liaison télégraphique entre la tour Eiffel et le Panthéon, sur une distance de 4 km. Presque dans le même temps, un jeune italien de Bologne, Gugliermo Marconi (1874 – 1937), réussit, en 1896, une transmission sur plusieurs centaines de mètres.

---

[45] LILEN Henri : L'aventure électronique, Éditions LA FARANDOLE, Paris, 1974, p.16

[46] Ibidem, op. cit., p. 19

D'après cette histoire, les précédents électroniques sont la radio, dont l'aboutissement fut l'œuvre collective de savants et de chercheurs de plusieurs nationalités, dont les idées étaient sans frontières.

À ses débuts, autour des années 1895, l'électronique connaît deux grandes périodes. La première fut dominée par les tubes à vide, utilisés jusqu'au lendemain de la Deuxième Guerre mondiale, lorsqu'ils seront remplacés par les semi-conducteurs qui ont provoqué l'explosion technique de la 2e moitié du 20e siècle.

Depuis 1883, Thomas Edison avait constaté un phénomène bizarre. En introduisant une plaque entre les branches du filament d'une lampe à incandescence, il s'aperçut que le courant passe dans la plaque. Cela eut des conséquences décisives.

À partir de cette expérience de Thomas Edison, l'électricien anglais John Fleming inventa le premier tube à vide appliqué à la détection d'oscillations électriques. Ce fut la lampe diode en 1904. Cette lampe fut ainsi appelée parce qu'elle comporte deux électrodes : la cathode qui émet des électrons, et l'anode qui les reçoit. Les électrons voyageant dans le vide.

Ces fameux électrons, ces grains d'électricité, dont la propriété principale est de suivre une seule direction, ne peuvent traverser la lampe que dans la direction cathode-anode, sauf dans le courant alternatif où ils voyagent tantôt dans un sens, tantôt dans l'autre. C'est le nombre de fois qu'ils changent de sens qu'on appelle « Fréquence ». Par exemple, une fréquence de 50 Hertz signifie que le courant, composé d'électrons, s'inverse 50 fois par seconde.

En télévision première chaîne, la fréquence est de l'ordre de 200 mégahertz, soit 200 millions de Hertz, le nombre de fois que le courant inverse son sens en une seconde. La lampe diode a pour rôle d'imposer une seule direction aux électrons et d'empêcher ceux qui voudraient rebrousser chemin. Il s'agit là d'une détectrice servant comme outil d'application.

Avec la diode, on était capable de commander le sens de passage du courant sans pouvoir agir sur le nombre d'électrons qui passent de la cathode à l'anode, c'est-à-dire sans pouvoir doser le courant.

C'est à ce stade que l'Américain Lee de Forest a eu l'idée géniale d'introduire un fin grillage entre sa cathode et son anode, agissant ainsi sur la tension qu'il applique. Et il réussit à doser parfaitement le courant. Il déposa un brevet en 1906 pour cette triode, sous le nom d'audion, puisqu'il dispose de trois électrodes : la cathode, l'anode, et la grille.

Pendant 40 ans, jusqu'à l'avènement des semi-conducteurs, on travaillera à perfectionner ce tube. Les perfectionnements de cette triode ont permis de confier différentes informations au courant. Selon les besoins, on a pu lui communiquer les modulations de la parole, des nuances des images, des données du radar, de fréquences, etc.

Tout cela est imprimé sur le flot d'électrons qui voyagent dans le vide de la lampe, électrons gérés grâce à l'action de la grille de modulation.

Le second avantage apporté par la triode est de pouvoir amplifier le courant. Ainsi, les infimes variations de tension, appliquées à sa grille, se retrouvent multipliées par des dizaines, des centaines ou des milliers de fois à l'anode. La triode connaîtra une longue lignée de tubes, plus perfectionnés les uns que les autres, appelés tétrodes, pentodes, ou octodes selon le nombre de leurs électrodes.

Parallèlement à la lampe diode de John Fleming et à la triode de Lee de Forest, le physicien allemand Karl Ferdinand Braun inventa, en 1897, l'oscilloscope cathodique. Dans ce tube, on accélère les électrons émis par la cathode et on les projette brutalement contre une cible revêtue d'un produit qui devient lumineux, sous l'impact d'électrons. C'est le principe même du tube de télévision sur lequel se forme l'image[47].

Mais les tubes à vide, malgré leur domination sur l'électronique, présentent un défaut grave. Ils sont fragiles et tombent souvent en panne. Ils sont considérés comme non fiables. La fiabilité de l'électronique sera assurée avec l'entrée en scène des semi-conducteurs et avec l'invention du transistor.

Les propriétés électriques des corps sont souvent classées en bons conducteurs et en isolants. Parmi les bons conducteurs, on compte le cuivre ou l'argent, qui conduisent parfaitement le courant électrique. Les isolants, comme le verre ou la bakélite, s'opposent

[47] LILEN Henri, op. cit., p. 25

au passage du courant électrique. Mais entre les deux catégories se trouve une classe intermédiaire d'éléments qui ne sont ni totalement isolants, ni parfaitement conducteurs. On les appelle des semi – conducteurs. Les plus connus sont, par exemple, le germanium ou le silicium, que l'on trouve en abondance dans le sable des plages.

En 1948, trois scientifiques américains (Bardeen, Brattain, et Shockley) eurent l'idée d'introduire dans un matériau semi-conducteur pur (le germanium) des corps étrangers appelés « impuretés », et les propriétés du semi-conducteur changèrent radicalement. Le transistor était né.

Dès le départ, on avait constaté que l'électricité se traduit sous deux formes, positive et négative. Et les savants se sont convenus pour dire que le courant se déplace du positif vers le négatif. En découvrant l'existence des électrons, qui sont des grains d'électricité, on s'aperçut qu'ils se déplacent du négatif vers le positif. On constate aussi que lorsqu'un électron se déplace, il laisse un vide, une lacune ou un trou.

Comme l'électron est chargé négativement, le trou laissé vacant par son départ est considéré comme de charge positive. Cette double notion d'électrons et de trous laissés par le déplacement de ces derniers est à la base de l'électronique du solide.

On l'appelle électronique du solide, parce qu'au sein du matériau semi-conducteur, le courant se déplace dans un solide devenu bon conducteur, alors qu'à l'intérieur des tubes, les électrons voyagent dans le vide. Un pas énorme venait d'être franchi, permettant de comprendre ce qui se passe à l'intérieur de ces nouveaux composants à semi-conducteurs.

En manipulant des matériaux connus comme non conducteurs, c'est-à-dire en y ajoutant des impuretés du type négatif, le semi-conducteur obtient des charges négatives et devient bon conducteur d'électricité. Si on fournit au semi-conducteur des impuretés riches en trous vides de charge positive, le semi-conducteur deviendra aussi bon conducteur d'électricité.

Ainsi, avec la juxtaposition de semi-conducteurs de charge (N) avec d'autres de charge (P), on est parvenu à obtenir l'équivalent de la diode, l'équivalent du courant dans une direction de la cathode à l'anode. L'intégration des semi-conducteurs de charge (P) qui viennent jouer le rôle du grillage, on obtient la triode. Et, en agissant sur les différentes électrodes, on peut moduler le courant qui traverse le transistor, ou l'amplifier.

Le transistor, un semi-conducteur enrichi d'impuretés, est un élément minuscule de quelques millimètres carrés, mais d'une robustesse exceptionnelle. Des milliers de transistors intégrés à leur support de silicium forment des 'circuits intégrés' sur lesquels repose tout le système électronique du solide, qui a remplacé les tubes à vide et qui a révolutionné l'industrie électronique. L'utilisation de semi-conducteurs est entrée en scène à partir de 1948.

Mais les circuits intégrés ont été mis au point dix ans plus tard. C'est autour de 1959-1960 avec l'invention du procédé Planer que la réalisation des circuits intégrés est devenue possible.

Depuis lors, les circuits intégrés ont ouvert à l'électronique, l'accès à tous les domaines des activités humaines[48].

Avec la Révolution de l'électronique, c'est un ensemble de sciences et de techniques extrêmement vaste qui s'est développé. L'extraordinaire beauté de l'électronique réside dans sa capacité à saisir, à transporter, à traiter et à restituer l'information à l'aide de la radio, de la télévision, de radars, d'ordinateurs ou de téléphones, etc.

Il faut faire une distinction entre l'électronique et l'électro-technique. L'électro-technique, elle aussi dérivée de l'électricité, traite de l'énergie, production, transport et utilisation, tandis que l'électronique s'intéresse à tout ce qui est information. Pour simplifier, on peut dire que l'électro-technique représente la force, tandis que l'électronique, c'est l'intelligence.

Passant du traitement de l'information par voie analogique (ondes sonores traduites en ondes électriques), l'électronique est arrivée au numérique en utilisant le système binaire à base de chiffres. En effet, c'est grâce au système binaire que la révolution informatique et l'exploitation des ordinateurs sont devenues possibles.

---

[48] Ibidem, p.33

- Le développement de l'ordinateur

L'ordinateur a été conçu et fabriqué en tant qu'une machine extraordinaire qui applique les vitesses de l'électronique à la résolution des problèmes mathématiques.

Initialement commandé et réalisé pour le compte du département de la guerre au ministère de la Défense, il est, par la suite, rapidement devenu un outil qui permet d'organiser les affaires scientifiques sur de nouvelles bases. Annoncée à partir de Philadelphie, l'information à propos de cette machine, fut publiée par le New York Times, le 15.2.1946.

La machine en question, c'était L'ENIAC[49], le premier calculateur électronique, qui allait introduire le monde entier dans un nouvel âge technologique : l'ère de l'informatique.

La machine avait été développée pendant plus de dix ans entre 1934 et 1946 à l'université de Pennsylvanie aux États-Unis par les professeurs J. Presper Eckert et John Mauchly. Le projet de conception et de mise au point de cette machine avait pour objectifs d'accélérer les calculs mathématiques relatifs aux tables de tir d'artillerie pour l'armée.

L'ÉNIAC restera opérationnelle jusqu'en 1955, ouvrant à la science l'ère de l'informatique qui permettra et facilitera en particulier la conquête de l'espace. Mais, au moment de son développement, même le professeur Mauchly ne pensait pas à son utilisation dans le domaine spatial, comme il l'a déclaré lui-même des années plus tard.

Le secret de l'ENIAC, qui est en même temps la clé de l'informatique, réside dans l'utilisation d'un système électronique numérique sous sa forme binaire et non décimale[50]. Le système binaire utilise des chiffres appelés unités (Binary Unit ou Bit en abrégé).

Pour faire ce travail extraordinaire, les machines sont équipées d'une mémoire, grâce à des circuits empilés et intégrés. Bien

---

[49] ENIAC (Electrical, numerical, integrator and computer)

[50] LILEN, H., op. cit., p. 57

évidemment, l'intelligence et les performances surhumaines de la machine sont le résultat de la programmation. Hors de la programmation, la machine est incapable de toute initiative créatrice. Ces fonctions intelligentes sont assurées par quelques simples transistors regroupés par centaines en circuits intégrés.

Au départ, concernant le principe de l'ENIAC, ses circuits étaient câblés pour résoudre un problème et un seul. Il fonctionnait comme un train sans aiguillage, un train dont on ne pouvait pas modifier le trajet. Il a fallu lui trouver un aiguillage électronique avec le remplacement du programme câblé par un programme enregistré et confié à la mémoire des ordinateurs. Cet immense progrès fut réalisé entre 1947 et 1950.

Les éléments de sa mémoire stockaient moins de 50 kilobits. C'était encore peu. L'amélioration de la mémoire sera réalisée avec l'introduction des mémoires à tores magnétiques dont les travaux du professeur français, Louis Neel, Prix Nobel de physique en 1971, contribuèrent à faire connaître.

Après la consolidation de la mémoire de ces machines désormais commercialisées par des entreprises spécialisées, comme IBM (International Business Machines Corporation), il restait à leur fournir des instructions, d'organiser l'exécution des ordres, et de recevoir leurs réponses.

L'attention cessa de se concentrer sur le côté matériel (Hardware) et se porta sur l'organisation, sur la conception, et sur l'exécution des instructions, c'est-à-dire sur le software, sur le logiciel. C'est à ce stade qu'un jeune homme, qui suivait l'évolution des ordinateurs depuis longtemps, entra en action.

Conscient de la nécessité et de l'urgence d'avoir un programme de base pour les ordinateurs, un jeune homme surdoué de 19 ans, mordu d'ordinateurs depuis enfant, encore en 2e année d'économie à l'Université Harvard, nommé Bill Gates, se mit à concevoir et à rédiger un programme de base pour les ordinateurs, avant de prendre congé de l'université, et partir fonder avec son ami Paul Allen la première entreprise de production des logiciels, MICROSOFT. Pendant près de deux mois, sous l'hiver froid du Massachusetts, dans les locaux de l'université Harvard, Bill Gates a travaillé dur, jour et nuit, au point de perdre l'appétit et le sommeil, afin de rédiger le logiciel de base des ordinateurs. Ils étaient tellement pressés car ils avaient besoin de réaliser ce programme avant tout le monde. Ils voulaient être les premiers sur le marché, et ils ont réussi leur pari, un matin d'hiver 1975[51].

L'entreprise deviendra en quelques années la première et la plus grande entreprise de production des logiciels au monde.

Après cette première génération des ordinateurs, l'informatique emprunta le chemin de l'électronique, remplaça les tubes reconnus comme non fiables par l'introduction de semi-conducteurs. En introduisant des circuits intégrés, la 3e génération permit aux ordinateurs de gagner encore plus de puissance.

Quelques notions-clés, auxquelles nous reviendrons souvent méritent d'être mises en évidence.

Les **semi-conducteurs** sont des conducteurs électriques qui sont presque des isolants. Seuls quelques électrons arrivent à se libérer, alors que les autres sautent d'un atome à l'autre, en laissant des espaces vides, ou des trous agissant comme des charges positives qui se déplacent dans le sens inverse de celui des électrons. En ajoutant quelques impuretés aux semi-conducteurs, par un procédé appelé dopage, on crée une nouvelle structure, on change le sens de conduction, car les électrons sont contrôlés électriquement.

La création du transistor : Semi-conducteur amplificateur ayant les mêmes fonctions que la triode. Après 40 ans de transformation, il est devenu un élément microscopique gravé dans la surface de silicium sur lequel viendront s'implanter des composants électroniques, formant ainsi des circuits intégrés.

Les circuits intégrés : Ils consistent en plusieurs transistors gravés sur une surface de silicium et interconnectés par le procédé Planaire (PLANER). Le silicium étant transformé sur toutes ses parties actives en oxyde inerte ou nitride, les transistors sont plus solides, moins volumineux, et leurs interconnections plus faciles.

[51] GATES, B. La route du futur, Ed. Robert Laffont, SA, Paris, 1995, p. 13-33

Les premiers vrais circuits intégrés sont connus sous le nom de puces depuis 1962.

Les puces : Il s'agit de plusieurs transistors gravés sur une surface de silicium formant des circuits interconnectés. Ce sont des composants extrêmement complexes dont la conception et la fabrication nécessitent des équipes très qualifiées[52].

- La révolution informatique

Au cours de la deuxième moitié du 20e siècle, la technologie informatique a pris son envol, de façon inattendue. Les ordinateurs ont profondément révolutionné le monde, ont apporté des progrès considérables dans le commerce, l'industrie, et surtout dans la communication. Tout est mieux, plus rapide, plus efficace[53].

Cette technologie étonnante est le résultat d'un travail de plusieurs personnes de différentes nationalités, chacune ayant tiré profit des connaissances antérieures, en y ajoutant son propre savoir.

Schématiquement, un ordinateur est composé par plusieurs pièces, réunies par des câbles placés dans un étui, muni d'un dispositif d'entrée (souris et clavier) et d'un dispositif de sortie (écran).

L'ordinateur se présente comme une boîte qui renferme une carte de circuits, appelée ''carte mère''. Au centre de la carte-mère se trouve l'unité centrale de traitement (CPU) ou Central Processing Unit. C'est ce microprocesseur qui fait tout le travail.

Les données traversent la carte-mère, se rendent au CPU, qui les traduit et détermine l'endroit où les envoyer. À l'intérieur, l'ordinateur renferme une mémoire vive et une mémoire morte, ainsi qu'un disque dur qui constitue un stock permanent de tous les documents, programmes, photos, renseignements, etc.

---

52 BRIDGMAN Roger, Électronique, Passion des sciences N0 8, Gallimard, Paris, 1994, p. 54

53 DE LA BEDOYERE G., Les premiers ordinateurs, Ed.Hurtubise HMH ltée, Montréal, 2007, p. 5

À côté du disque dur, l'ordinateur contient aussi d'autres unités capables, par exemple, de lire l'information stockée sur une disquette. L'ordinateur contient aussi un programme qui renferme les instructions que doit suivre l'ordinateur, pour permettre certaines utilisations.

Le système d'exploitation est le programme le plus important d'un ordinateur. Le système d'exploitation le plus répandu étant le Windows de Microsoft dont nous avons parlé dans la section précédente. Mais l'ordinateur a surtout, une capacité incroyable de faire des opérations de calcul extrêmement complexes.

La force de calcul de l'ordinateur a été réalisée grâce à l'utilisation des nombres binaires en s'écartant du système décimal. À son origine, le système décimal s'est basé sur nos dix doigts, qui sont faits pour compter. L'invention de l'ordinateur est le résultat de la science à l'état pur.

Pour mieux comprendre les origines de cette science, les historiens remontent jusqu'à la fin du Moyen-Âge avec l'apparition de l'astronomie au 15e siècle.

Nicholas Copernic (1475-1543) fut le premier à sonner le déclic en affirmant que la terre tourne autour du soleil. Peu après lui, l'astronome et mathématicien italien Galileo Galilei (1564-1642), utilisant un télescope, confirma les déclarations de Copernic en disant que ce dernier avait raison[54]. L'Église le condamna pour hérésie mais lui persista en affirmant : « Pourtant, elle tourne ».

Venu à leur secours, l'allemand Johannes Kepler (1571-1630) affirma à son tour que Copernic et Galileo avaient raison, que la terre tourne autour du soleil en suivant une ellipse.

Il élabora même des règles sur les déplacements des planètes et les publia en 1627. Après l'invention de l'imprimerie par Gutenberg, la publication de livres était devenue plus facile, et l'Europe commençait à se réveiller, avec la publication des récits des explorateurs qui sillonnaient les océans, et surtout après la découverte du Nouveau Monde par Christophe Colomb et son équipe.

---

[54] Idem, p.12

Quelques années après Kepler, l'Anglais Isaac Newton (1642-1727) proposa des lois universelles du mouvement et de la gravité, lois qui constituent les bases de la physique moderne. Il inventa aussi le calcul différentiel. Presque dans le même temps, le mathématicien allemand, Godfried Wilhelm Leibniz (1646-1716), publia, lui aussi, ses travaux sur le calcul différentiel, permettant, ainsi, de prédire la position d'une planète à un moment donné. Quatre siècles plus tard, des scientifiques approfondiront ces données et permettront la conquête de l'espace.

Leibniz publia ensuite les nombres binaires, qui représentent pour lui, une pure forme de logique, c'est-à-dire les nombres 0 et 1. Plus tard, le fonctionnement des ordinateurs sera basé sur l'utilisation des nombres binaires.

Les trois mathématiciens et physiciens, Kepler, Newton et Leibniz sont considérés comme ayant été les fondateurs qui ont posé les bases de la révolution scientifique des 19e et 20e siècles.

Toute l'information fournie aux ordinateurs doit être convertie en une chaîne de position ouverte ou fermée. Les ordinateurs font une distinction entre les deux positions « ouvert-fermé ». C'est le code binaire ou numérique qui permet cet enchaînement de positions en « fermé-ouvert ».

Le code binaire est constitué seulement de deux chiffres, soit 0 et 1, qu'on appelle unité binaire, ou binary unit, en abrégé bits, que l'ordinateur interprète comme position ouverte ou fermée. Même si le jeune mathématicien français Blaise Pascal inventa, à 18 ans, une calculatrice mécanique pour aider son père qui était percepteur des impôts, c'est le mathématicien anglais Charles Babbage (1791-1871), alors professeur à Cambridge, qui, le premier après Leibniz, tenta de mettre au point une machine automatisant les calculs. Ce fut la base du système qui sera utilisé par les ordinateurs du 20e siècle.

Charles Babbage faisait suite aux travaux de Leibniz qui, en 1679, avait conçu une calculatrice utilisant le code binaire. À côté du code binaire vient le besoin de stocker les informations.

Le tisserand français Joseph Jacquard (1752-1834) est considéré comme celui qui a inventé une façon d'enregistrer le motif (tissage) sur des cartes de bois perforées en 1804[55]. Un siècle plus tard, les premiers ordinateurs seront construits sur base de cette méthode pour conserver l'information.

Lorsque le mathématicien anglais Charles Babbage inventa, en 1833, une machine automatisant les calculs, incluant la machine analytique et différentielle, il se servit, à son tour, du système des cartes perforées de Joseph Jacquard. Avec ce système, il avait, enfin, trouvé le moyen d'enregistrer et de réutiliser les données.

Babbage inventa aussi une méthode de décryptage mathématique qui inspira les chercheurs chargés de concevoir une machine capable de déchiffrer les codes allemands pendant la 2e guerre mondiale. La machine analytique de Babbage était programmable et munie d'une mémoire. Elle faisait appel au traitement en faisceau. Les données étant réparties en séries, la machine gardait leur emplacement en mémoire.

Engagée pour venir à son aide, Ada Byron, qui était aussi connue sous le nom de Lady Lovelace (1815-1852) rédigea plusieurs programmes de traitement de l'information dans la machine analytique[56]. La programmation informatique plonge ses racines dans l'héritage de Babbage et de son équipe.

La Seconde Guerre mondiale marqua un tournant dans le développement de la technologie informatique. Les Américains avaient besoin de machines plus sophistiquées pour répondre aux besoins de la guerre, en passant par le déchiffrage des codes de l'adversaire.

Entre 1943 et 1945, les Alliés réunirent leurs mathématiciens et leurs ingénieurs les plus doués pour concevoir des machines qui mèneraient leurs armées à la victoire. C'est ainsi que fut fabriqué l'ordinateur dénommé MARK I de Harvard et IBM en 1943 par Howard Aiken.

Utilisant la technologie traditionnelle des tubes à vide, la machine connaissait des problèmes liés à ce système et Aiken tenta un autre mécanisme de commutation en utilisant des relais électro-mécaniques.

---

55 Idem, p.16
56 Idem, p.17

La technologie informatique évolua très rapidement et l'équipe d'Atanasoff-Berry de l'Université d'État de l'Iowa, inventa le premier ordinateur entièrement électronique. Atanasoff construisit un appareil au moyen de tubes à vide qui traitait les données. L'appareil était un circuit logique obéissant aux règles de l'arithmétique binaire.

Pendant la Deuxième Guerre mondiale, la marine allemande avait réussi à coder tous ses messages, grâce à un dispositif de chiffrement appelé « Enigma ». Encore en avance sur les Britanniques, qui ne pouvaient pas décoder ces messages en 1941, les Allemands causèrent beaucoup de pertes, en coulant plusieurs navires britanniques.

Grâce aux efforts de l'espionnage, des agents allemands travaillant pour le compte des Britanniques réussirent à voler aux Allemands, la machine Enigma. La marine britannique parvint à capturer un sous-marin allemand qui transportait une machine Enigma avec un manuel des codes. C'était le 9.5.1941. Mais, pour déchiffrer les codes, il fallait absolument un ordinateur.

Réunissant des mathématiciens et autres scientifiques surdoués, dont le jeune mathématicien anglais Alan Turing (1912-1954) et un ingénieur des télécommunications du nom de Tommy Flowers (1905-1998), ces experts élaborèrent la construction d'un ordinateur électronique et numérique de 1500 tubes constitué de pièces de centrale téléphonique[57].

La mise au point de l'ordinateur Mark I et Mark II, qui a été achevé en 1944, fut le résultat d'efforts américano-britanniques. L'ordinateur permit de déchiffrer les codes allemands, de savoir le contenu des messages, afin d'agir en fonction des renseignements obtenus.

À partir de 1943, les Anglais et les Américains savaient chaque jour où se trouvaient les sous-marins allemands et pouvaient les neutraliser. Grâce surtout au Colossus Mark II, qui a été dévoilé en 1944, les Alliés disposaient de nombreux renseignements quant à la force, aux positions, et aux stratégies des troupes allemandes au moment où elles débarquaient en France. Cette percée technologique fut un facteur de plus qui favorisa la victoire des Alliés en

[57] Idem, p.29

juin 1944. On estime que le Colossus Mark II a réduit de deux ans la durée de la guerre.

Quoique seulement 10 machines Colossus Mark II aient été en opération en 1945, les machines furent détruites après la guerre car l'information à leur sujet devait rester secrète.

Elle fut divulguée en 1989[58]. Comme les Colossus Mark I et II devaient rester secrets, la place de premier ordinateur moderne fut longtemps occupée par l'ENIAC, la machine fabriquée par l'équipe de l'université de Pennsylvanie, dont nous avons déjà parlé précédemment.

L'ENIAC, la machine construite par John Mauchly et Presper Eckert, quoique programmable, comportait des défauts. Sa programmation était difficile. Rappelons qu'elle utilisait des nombres décimaux, et non les codes numériques binaires.

S'inspirant du scientifique John Von Newman, un mathématicien d'origine hongroise et professeur à Princeton, qui suggérait d'utiliser le code binaire pour les programmes et le traitement, langage plus facile à comprendre pour la machine, et le stockage des programmes dans une mémoire, Mauchly et Eckert fabriquèrent une nouvelle machine appelée Universal Automatic Calculator (UNIVAC).

Parallèlement, une équipe de l'université de Manchester créait l'ordinateur Manchester Mark I en 1948. C'était le premier ordinateur capable de stocker les programmes sur un tambour magnétique, précurseur des disques durs.

Travaillant sur le problème de la mémoire dans un ordinateur, c'est un scientifique de Cambridge, Maurice Wilkes, né en 1913, qui fit appel à une forme primitive de mémoire morte permettant de contenir l'information sur des programmes que la machine pouvait charger, chaque fois qu'elle est mise sous tension. Cela permettait d'éviter de devoir répéter la saisie des renseignements.

Lorsque le bureau américain du recensement commença à utiliser l'UNIVAC, l'entreprise IBM, ayant jusque-là mis l'accent sur la fabrication de calculatrices, d'horloges et d'autres machines à écrire destinées aux entreprises, comprit aussitôt l'intérêt que

---

[58] Idem, p.30

présentaient les ordinateurs et se mit aussitôt à concevoir ses propres machines.

En 1952, IBM mettait sur le marché, le modèle 701, suivi par le modèle 650 une année plus tard. Ce dernier fut vendu à 1800 exemplaires, et IBM comprit qu'une ère nouvelle, l'ère des ordinateurs de masse venait de débuter[59].

La fabrication d'ordinateurs de masse correspondait à l'arrivée, sur le marché, d'une autre nouveauté quasi révolutionnaire, c'est-à-dire la mise au point du transistor, qui allait remplir les fonctions d'un tube à vide, ou d'un relais électromécanique dans un format minime. L'apparition du transistor ouvrait la voie à la miniaturisation.

Rappelons que le transistor est constitué de plusieurs couches de divers types de silicium qui conduisent l'électricité de différentes façons en fonction des impuretés de dopage que contient le métal. Réunis par groupes appelés portes-logiques, les transistors peuvent obéir à toutes les règles de l'arithmétique binaire.

Contrairement aux premiers transistors fabriqués en petits cristaux de germanium, les transistors modernes sont en silicium. Ils ont une taille microscopique ; et on en compte par milliers dans un seul microprocesseur.

L'invention, en 1958, du circuit intégré, par deux ingénieurs, Jack Kilby et Robert Noyce, rendit possible l'utilisation du microprocesseur et accéléra la révolution informatique. Installé sur des cartes à circuits imprimés, tout incluant les fils et les transistors gravés sur une feuille de silicium, le circuit intégré rendait possible la reproduction en séries.

La fabrication de l'ordinateur personnel (PC) compléta pratiquement le cycle de la révolution informatique. Précisons que le PC est doté d'un système d'exploitation à disques ou DOS (Disc Operating System) de Microsoft. Il est connu sous le nom de : MS-DOS. Les nouveautés et améliorations suivantes furent le fruit de l'innovation. Au cours des années qui ont suivi, les innovations dans ce domaine ont dépassé l'imagination.

---

59 Idem, p.35

Utilisant les ordinateurs de la première génération, ceux-là mêmes qui ont été construits par IBM, le Centre de contrôle et des missions spatiales à Houston en avait cinq en 1968. Chacun avait la taille d'une petite voiture, et la capacité de mémoire totale d'un méga-octet. C'était le sommet de la technologie. Trente ans plus tard, même un téléphone portable était muni d'une mémoire deux fois plus forte qu'un de ces ordinateurs. C'est dire à quel point les innovations, dans le domaine informatique, électronique et numérique, sont allées très loin, au-delà de ce qu'on pouvait imaginer dans les années 1960.

8. Les promesses de la nouvelle économie

L'ensemble des historiens économistes estime que l'industrialisation de l'Europe était accomplie autour de l'an 1900, en général, avant la Première Guerre mondiale. Comme nous l'avons vu dans la première partie de ce livre, le 20e siècle a été marqué par la deuxième génération de la Révolution industrielle.

Le siècle a vu exploser la maîtrise de l'électronique (du transistor et des circuits intégrés) et de l'informatique. Le couronnement de cette deuxième génération fut le développement des premiers ordinateurs et l'adoption des nombres binaires, fruit de la logique pure. Et les nombres binaires ont supplanté les chiffres décimaux. Par la même occasion, ils ont ouvert la voie au nouvel âge du numérique.

Avec le triomphe de l'électronique et de l'informatique, plusieurs intellectuels et penseurs occidentaux affirment, à l'unanimité, que le monde est entré dans une ère nouvelle, une ère marquée par des changements rapides. Ce triomphe est centré autour de l'ordinateur et des autres moyens de communication, parmi lesquels, un réseau interconnecté de médias sociaux. Pour continuer à évoluer face à ces changements, les individus et la société, dans son ensemble, doivent réapprendre à s'adapter.

Selon Bernard Miller-Thym, les nouvelles technologies, doublées de techniques de gestion avancées, engendrent une situation totalement neuve. Elles s'accompagnent d'une capacité de production vibrant d'intelligence, riche d'informations, et qui, dans le meilleur des cas, est d'une souplesse absolue[60].

Devant ces énormes bouleversements, le sociologue américain Alvin Toffler, qui est considéré comme l'un des futurologues les plus visionnaires de notre temps, affirma que le monde allait connaître un choc, mais un choc stimulant pour l'esprit, selon lui. Il ajoute que, dans les sociétés super industrialisées, l'accélération et évolution des changements entraînent une autre forme d'organi-

[60] TOFFLER A, Le Choc du futur, Ed. Denoël, Paris, 1971, p. 138

sation car les modèles traditionnels de l'âge industriel deviennent inadaptés.

Dans la nouvelle société post-industrielle dit-il, l'homme doit faire preuve d'une grande capacité de souplesse et d'adaptation pour faire face à ce choc du futur.

L'auteur du *Choc du futur* s'inquiète. Il constate, en effet, que restant toujours un produit du biosystème, l'homme a une capacité d'adaptation limitée. Au-delà d'un certain seuil, il subit inévitablement le choc. L'auteur constate encore que l'accélération incontrôlée de l'évolution sociale, technologique et scientifique, dans la nouvelle société post-industrielle, risque d'écraser l'individu et de le dépasser.[61]

Pour cet auteur, il était plus facile de s'adapter à la société industrielle, car faisant appel à des techniques et à des technologies, le développement industriel ne dépend pas de forces naturelles implacables. Il est le résultat de processus mis en œuvre par l'homme. Il est sous le contrôle de sa volonté et de son savoir.

Alvin Toffler revient sur un point qui intéresse particulièrement les sociétés en voie d'industrialisation. Pour maîtriser les mécanismes d'équilibre d'une révolution industrielle, il est important de mettre en place tout un système de contrôle de cette évolution, au niveau des individus et de la société.

La société qui met en place un plan de développement industriel a besoin de nouvelles institutions, de nouvelles formes d'organisation, de nouveaux pare-chocs, de nouveaux régulateurs, d'auxiliaires technologiques spécifiques qui contribuent à la réussite du plan, afin de l'orienter, de l'ajuster et de le régulariser. La lutte, pour réussir un plan de développement industriel, doit se faire à plusieurs niveaux.

Il faut un contrôle plus intelligent des processus-clés dans l'ensemble du pays, afin de faire participer l'ensemble de la population, et lui donner le sentiment d'être le maître de son destin[62]. Si, traditionnellement, l'enseignement de masse caractérisé par l'organisation du savoir en disciplines permanentes

---

[61] TOFFLER A. Le choc du futur, Ed. Denoël, Paris, 1971, p.343

[62] Idem, p. 355

reposait sur des conceptions industrielles de la production de masse, l'enseignement dans le nouveau paysage post – industriel, doit être différent.

L'enseignement doit, dans la nouvelle ère, reposer sur une nouvelle vision de la formation des hommes et des femmes hautement qualifiés, capables de suivre le rythme rapide de l'évolution, des hommes et des femmes constamment tournés vers le futur, afin de prévenir et d'anticiper les différents chocs qui surviennent rapidement. L'enseignement de l'ère post-industrielle doit rester ininterrompu, se poursuivre toute la vie.

La mise en route d'un plan de développement industriel exige aussi une bonne coordination du développement technologique, de la formation, et de la recherche scientifique. Il s'agit de mettre en place une politique technologique consciente, afin de réussir un développement socio-économique cohérent, équilibré et constant.

Il s'agit d'éviter d'inonder la société de toutes sortes de machines et de techniques sans cohérence, sans avoir pris en compte certains effets secondaires à long terme, ou sans disposer de capacité technique d'en assurer la maintenance, ou de produire les pièces de rechange sur place. La simple politique d'autrefois, qui consistait à effectuer des choix en fonction d'avantages socio-économiques immédiats, devient rapidement un facteur de confusion et de déséquilibre dangereux[63].

La société doit sélectionner ses procédés, ses techniques en bloc, les placer dans une vue d'ensemble, et non un par un, en faisant ses choix pour un développement technologique planifié, à court, moyen, et long terme. La planification de l'industrialisation doit sélectionner intelligemment les différents rythmes de mise en route de l'appareil industriel, de son évolution, réguler les niveaux de stimulation, afin d'éviter une cadence irrégulière, désordonnée et frénétique du changement[64].

Cela permet de prendre de très bonnes décisions, pour le présent et pour l'avenir. Il s'agit de bien planifier, d'ordonner et de coor-

---

[63] TOFFLER A., op. cit., p. 408

[64] Idem, p.421

donner, le développement technologique, de maîtriser ses effets, de garder le contrôle et l'équilibre des investissements.

Les grands enjeux sociaux, comme l'urbanisation, les conflits ethniques et tribaux, l'expansion démographique ou la criminalité, les conditions de vie des différentes couches de la société, doivent être pris en compte, et être encadrés afin d'être résolus par le développement technologique. Pour cela, des mesures d'accompagnement, destinées à maintenir l'équilibre entre la progression du changement, de son évolution, et des facultés d'adaptation des membres de la société, deviennent nécessaires.

Le progrès économique et le développement maximal de l'autosuffisance, surtout matérielle, étant le premier objectif à atteindre, la mise en place d'un système et de mécanismes permettant une bonne organisation de la production industrielle, le développement de la technologie dans son ensemble, devient l'instrument-clé pour atteindre cet objectif.

Les pays encore en voie de développement doivent travailler très fort pour, à la fois, réussir le décollage industriel et technologique et surmonter les immenses difficultés de cette période intermédiaire.

L'auteur du *Choc du Futur* constate que les grands changements du monde actuel ne sont pas aussi chaotiques et aussi aléatoires qu'on serait tenté de le croire. Les différents changements qui surviennent ont toujours un lien entre eux. Il s'agit d'élaborer une stratégie d'ensemble, permettant de mieux gérer les grandes mutations qui surviennent, de façon organisée. L'auteur attire, en même temps, l'attention des observateurs sur un autre événement, à savoir l'émergence de nouvelles puissances.

Au moment où l'âge du progrès industriel est en train de perdre sa suprématie dans le monde occidental, alors que c'est l'avance technologique et industrielle qui a assuré la domination de l'Occident sur le reste du monde au cours des cinq derniers siècles, de nouvelles forces apparaissent.

Non seulement de nouvelles forces s'organisent, mais aussi de nouveaux combats, parfois acharnés, sont engagés, pour la conquête et pour la possession du pouvoir, afin d'assurer une nouvelle forme de domination sur la planète entière, écrit Alvin Toffler dans l'introduction du 3e ouvrage de la trilogie « ***Les nouveaux pouvoirs*** ».

Même s'il été écrit au début des années 1970, ce qu'il prédisait devient évident pour tout le monde, cinquante ans plus tard. Les combats acharnés que livre la Chine en Afrique et partout ailleurs dans le monde, combats dénommés *les nouvelles routes de la soie*, sont une illustration parfaite de l'organisation de ces nouveaux pouvoirs.

Devant ces nouveaux combats pour l'exploitation et pour la domination du monde, l'Afrique doit-elle accepter d'être un simple grenier fournisseur de matières premières, comme elle a été un grenier fournisseur d'esclaves qui sont allés servir le développement du Nouveau Monde ?

La réponse est claire. L'Afrique doit dire non. L'Afrique doit, sans plus tarder, prendre son destin en main, avant que son sous-sol ne soit vidé de ses ressources. L'Afrique se doit de travailler pour son développement, pour la vie, et la survie même de sa population.

L'organisation de l'agriculture a été la première grande mutation survenue dans l'histoire de l'humanité, depuis que l'homme est devenu sédentaire, il y a environ dix millions d'années.

Dès le 17e siècle, un nouvel âge du progrès a été amorcé avec la Révolution industrielle. Elle est née d'abord en Angleterre avant de se diffuser sur le reste du continent européen et en Amérique du Nord. Après les grandes découvertes de la fin du Moyen-Âge, la Révolution industrielle fut le 2e événement fondamental, qui entraîna les grands bouleversements économiques et sociaux, par le changement des modes et des moyens de production. L'industrialisation de l'Europe était presque achevée à la fin du 19e siècle.

Au cours du 20e siècle, un nouvel âge, post-industriel s'est amorcé. Il a mis les cinquante premières années du siècle à émerger. La première génération de la Révolution industrielle, réalisée au cours du 18e et 19èmesiècles, a abouti au remplacement de la force musculaire de l'homme par la puissance de la machine, par l'énergie de la force motrice, et par la mécanisation.

Étant une suite logique de la première génération, inspirée à la fois par certains besoins, mais aussi par l'avancée du savoir scientifique et le dynamisme constant de l'innovation, la deuxième génération de la Révolution industrielle est devenue une réalité au cours de la 2e moitié du 20e siècle.

Cette fois-ci, son foyer de développement s'est localisé aux États-Unis. Le développement technologique de la deuxième génération de la révolution, et en même temps de la création de la richesse, vise à compléter l'intelligence de l'homme par l'intelligence artificielle, logée à l'intérieur de la machine.

C'est à l'aide de l'intelligence logée dans le cerveau des ordinateurs, grâce aux progrès de l'informatique, que Russes et Américains se sont lancés à la conquête de l'espace. Grâce à ces extraordinaires performances de la créativité, de l'intelligence et de l'innovation, les possibilités de création de la richesse se sont plusieurs fois multipliées.

Les pays de l'Asie, Japon et Chine en tête, suivis de très près par les autres dragons du Sud-Est asiatique, ont réussi, à leur tour, à adopter et à maîtriser les techniques et les technologies industrielles.

En ce début du 21e siècle, alors qu'une partie du monde entre dans l'ère post-industrielle, l'Afrique, dans son ensemble, et l'Afrique noire en particulier, n'arrive même pas encore à organiser son agriculture pour nourrir sa population. Elle a encore de la peine à mettre en place des mécanismes d'organisation de la production industrielle, ou de construire ses infrastructures de base nécessaires au développement social. La pauvreté, chaque jour grandissante, est partout présente. L'Afrique n'arrive pas à trouver les clés du démarrage de la Révolution industrielle.

Avec l'avènement de la Deuxième Révolution industrielle, c'est-à-dire avec l'entrée dans l'ère post-industrielle, Alvin Toffler a observé l'un des phénomènes les plus importants de la fin du 20e siècle. Il s'agit de la transformation économique de la richesse. L'auteur a vu s'installer une nouvelle forme de richesse qu'il qualifie de révolutionnaire en elle-même.

Selon ce visionnaire, cette richesse révolutionnaire dépasse une simple histoire d'argent. C'est là une nouvelle forme d'économie. Fondée sur le savoir, cette économie nouvel âge est régie par l'intelligence humaine. Selon Bill Gates, la nouvelle forme d'économie, au cœur de laquelle se trouve la révolution électronique, informatique et numérique, est interconnectée par les autoroutes de l'information.

L'ampleur des changements entraînés par la nouvelle richesse fondée sur le savoir et sur l'intelligence humaine dépasse ceux de la Révolution industrielle qui a été à l'origine de l'époque moderne, ajoute Alvin Toffler.

La révolution de la richesse fait apparaître de nouvelles opportunités, ouvre de nouveaux débouchés chez les créateurs d'entreprises imaginatifs et donne de nouvelles possibilités de combattre la pauvreté partout sur la planète. Mais, toutes ces possibilités s'accompagnent aussi de risques[65], dit-il comme un avertissement.

Avec la révolution informatique, incluant électronique et numérique, survenue un siècle plus tard après l'Exposition universelle de Londres (1851), qui était destinée à montrer au monde les promesses éclatantes de l'âge du progrès industriel, on observe, aux États-Unis, un phénomène incroyablement intéressant. Ce phénomène est caractérisé par une nouvelle forme de création d'emplois et de richesse. Dans le sillage de cette nouvelle économie, le nombre de travailleurs employés dans le secteur tertiaire a dépassé celui des ouvriers du secteur secondaire, des usines et des manufactures.

La nouvelle révolution de la richesse marqua le point de départ de la transition entre une économie industrielle fondée sur le travail manuel, et une autre source de création de la richesse fondée sur les services, sur les connaissances ou sur le travail intellectuel. C'est ici, ce qu'on appelle communément, « La nouvelle économie ou l'économie du savoir ».

Après l'envoi, dans l'espace, par l'URSS, de son Spoutnik I, le premier satellite sur orbite tournant autour de la terre, la programmation informatique s'accéléra de façon extraordinaire. L'époque de la production de masse de l'ère industrielle touchait pratiquement à son apogée, et amorçait le déclin. La technologie ayant mis fin à la force physique comme critère de qualification, elle était de plus en plus remplacée par l'intelligence.

[65] Toffler Alvin et Heidi, La richesse révolutionnaire, Ed. Plon, 2007, p.15

C'était cela la Deuxième Révolution industrielle qui entraîna dans son sillage une nouvelle révolution dans la création de la richesse.

La Première Révolution industrielle a d'abord construit des machines pour fabriquer des produits. Ensuite, elle est passée à la vitesse supérieure pour inventer des machines capables de mettre au point d'autres machines plus perfectionnées, qu'on appelle outils d'équipements.

Ensuite, des ingénieurs et des scientifiques ont mis au point d'autres machines armées de super calculateurs et de super logiciels, d'internet et de web, des outils puissants destinés à faciliter la rapidité de collaboration et la transmission de la connaissance[66].

Si l'agriculture a été la première phase de création de la richesse dans l'histoire de l'humanité, elle n'a pas empêché la faim et l'extrême pauvreté partout en Europe, et cela jusqu'au 17ᵉ siècle. Selon les historiens, la famine pouvait encore frapper dans certaines régions de l'Europe tous les 3 ou 5 ans.

Au 16ᵉ et dans la première moitié du 17ᵉ siècle, plusieurs villes européennes comme Hambourg, Venise ou Naples, ont été sévèrement dévastées par des famines qui causèrent la mort de plusieurs milliers de personnes[67].

Il a fallu attendre la fin du 17ᵉ siècle, avec le début de l'industrialisation de l'Europe, avec la création d'usines, avec l'urbanisation croissante, et avec la transformation de la matière, pour voir une autre forme de développement de la richesse.

L'industrialisation a, elle aussi, causé beaucoup de souffrances sociales. Mais elle a créé des richesses et a changé les modes de vie de la société de façon positive et irréversible. Les économies industrielles se sont fortement concentrées sur la production comme première phase, c'est le cas de la Chine actuellement, et plus tard se sont tournées sur la consommation.

Deuxième vague de création de la richesse après l'agriculture, l'ère industrielle misait sur la production en masse et sur la concentration des marchés, tandis que l'actuelle 3ᵉ vague de création de

---

[66] Idem, p. 24
[67] Idem, p. 39

la richesse de l'ère post-industrielle, produit de la richesse en misant sur une économie de la connaissance ayant une plus grande valeur ajoutée.

Dans les économies émergentes (Chine, Brésil Inde), les trois étapes de création de la richesse tentent de se chevaucher, dans un mélange de décadence, d'innovations, et d'expérimentation. Mais, lorsque deux systèmes de création de la richesse entrent en contact et en concurrence, des moments de collision sont inévitables.

Révolutionner la création de la richesse passe par l'introduction de changements dans le système existant. Cette introduction de changements dans un système existant se heurte à des résistances de la part de certains détenteurs d'avantages acquis dans les différentes sphères de l'existence.

Ces résistances, opposées par certains détenteurs d'avantages acquis face aux tentatives d'introduction de changements, constituent la clé et l'explication de conflits contradictoires qui font rage dans la société. Les différentes catégories d'hommes et de femmes sur la terre ont des degrés différents de cupidité ou d'engagement social, d'idéalisme ou d'égoïsme, voire de cynisme.

Comme la durée de vie des événements et même des êtres est éphémère, les gens progressent, changent, et déclinent. Des changements deviennent inévitables. Des conflits d'intérêts contradictoires apparaissent. Il faut toujours se préparer à la collision entre d'inévitables changements et la résistance aux changements dans l'univers qui nous entoure.

Même la naissance de la Révolution industrielle s'est heurtée aux méthodes de travail, aux valeurs, et aux structures familiales traditionnelles ou aux institutions politiques et religieuses de l'époque. La Révolution industrielle opposait les intérêts d'une nouvelle classe de commerçants industriels en plein essor, aux intérêts d'une aristocratie agricole implantée de longue date.

Aux États-Unis, par exemple, au milieu du 19e siècle, la guerre de Sécession de 1861, entre les États du Sud, qui étaient agricoles et esclavagistes, et les États du nord, alors en voie d'industrialisation, avait, pour origine, cette différence d'orientation de l'avenir.

En comprenant bien les principes fondamentaux sur lesquels les 3 étapes de création de la richesse se sont construites dans les pays industrialisés, il devient plus facile d'en saisir l'esprit et la démarche, puis de planifier les étapes à suivre, de façon plus harmonieuse.

L'industrialisation de l'Europe s'est étalée sur environ 300 ans, allant du 17e jusqu'au milieu du 20e siècle. Elle a, rappelons-le, remplacé l'économie agricole et a mis en place une forme d'économie, basée sur la production industrielle massive et sur la concentration des marchés.

À partir des années 1950, avec la révolution informatique de la 2e moitié du 20e siècle, une nouvelle forme d'économie, à plus grande valeur ajoutée, basée théoriquement sur la connaissance scientifique, l'intelligence artificielle et l'innovation permanente, s'est mise en place surtout dans les pays hautement industrialisés, comme les États-Unis, le Canada, le Japon, l'Europe de l'Ouest et les pays scandinaves.

Les trois stades de création de la richesse engendrent des modes de vie différents, y compris au sein d'un même pays. Un agriculteur de l'Amazonie, à côté d'un ouvrier des usines de construction automobile de Sao Paulo, et un développeur de logiciels de Rio de Janeiro, produisent de la richesse, chacun à sa façon, de valeur différente et inégale, mais elles sont complémentaires. La coexistence des 3 systèmes de création de la richesse soulève évidemment des débats.

La 3e vague de création de la richesse est basée théoriquement sur la connaissance et l'innovation. Elle est caractéristique de la 2e révolution technologique, qui marque le déclin de l'âge industriel de production massive des usines et manufactures. La question qui soulève les débats est de savoir si cette troisième vague de création de la richesse change fondamentalement l'économie ?

Certains économistes, et non des moindres, pensent et affirment que les fondamentaux de l'économie n'ont pas changé. Certains facteurs-clés comme la nécessité d'un secteur manufacturier fort, une saine qualité de crédit, un contrôle du taux d'inflation, un budget national équilibré, un niveau d'endettement des ménages, la balance entre les coûts de production et le pouvoir d'achat des consommateurs, impliquant la surveillance du taux des employés mal payés, ces facteurs-clés gardent leur valeur même dans une économie dominée par cette nouvelle forme de création de la richesse.

Grossièrement, on peut représenter les 3 systèmes de production de la richesse par la charrue de l'agriculteur, la chaîne de montage et la ligne de production en usine, auxquelles vient s'ajouter l'ordinateur, outil de travail du financier et du cadre de l'âge post-industriel. Un puissant secteur manufacturier reste le symbole du système de richesse de l'ère industrielle.

Il est clair que la coexistence des 3 systèmes de création de la richesse provoque le choc des vitesses. Une économie avancée s'accompagne d'une société avancée car toute économie est le produit de la société dans laquelle elle est enracinée. L'économie d'un pays dépend aussi de ses institutions-clés. Si un pays veut accélérer son évolution économique, ses institutions-clés ne doivent pas rester en arrière. Sinon, son potentiel de création de la richesse sera entravé et limité.

Son système législatif, son système d'éducation, son organisation politique, territoriale, doivent être mis à jour et s'adapter, pour permettre la réussite du projet d'industrialisation.

En Russie, pendant le 19e siècle, les institutions féodales ont entravé le progrès industriel comme la bureaucratie peut ralentir le mouvement dynamique vers un système de création de richesse plus avancé et fondé sur la connaissance.

Les êtres humains et leur organisation sont des systèmes ouverts. Ils sont désordonnés et imparfaits. Les espaces de chaos, de hasards, alternent avec ceux où règne une stabilité temporaire[68]. Or, la stabilité et la synchronisation permettent un certain niveau de prévisibilité.

Le développement industriel entraîne à une certaine course de vitesse. C'est le monde des entreprises qui est à l'origine des transformations dans le reste de la société et qui en est en même temps le moteur. Mais les entreprises de fabrication et de production n'avancent pas seules. Elles forcent les fournisseurs et les distributeurs à évoluer en parallèle.

---

[68] Idem, p. 54

Dans le sillage des entreprises, la technologie est en tête. Les financiers essaient, à leur tour, de s'adapter. La régulation des marchés financiers suit le mouvement. Le ministère des Finances en collaboration avec la banque centrale maintient un niveau de surveillance afin de maîtriser les fluctuations de la monnaie. Les cabinets comptables apportent leur contribution.

Les services réglementaires, la bureaucratie, les réglementations inadéquates, un système législatif inadapté, un mouvement associatif mal organisé peuvent constituer un frein au progrès industriel des entreprises.

Les administrations et les agences gouvernementales de régulations avancent souvent très lentement. Elles peuvent, elles aussi, retarder de plusieurs années des changements pourtant nécessaires pour le décollage industriel. Dans certains pays, un projet de construction d'un pont ou d'une autoroute peut prendre plus de dix ans avant de démarrer après sa conception.

Le dysfonctionnement systémique des institutions-clés peut constituer un obstacle important au développement économique et des technologies. Il faut être capable de bien synchroniser l'organisation de la production, de la distribution et des marchés de consommation afin d'améliorer et de maintenir un bon niveau de productivité des entreprises.

9. L'Afrique noire et la création de la richesse

La création de la richesse subit des mouvements cycliques. Les endroits où la richesse est créée se déplacent régulièrement. Elle est passée de l'Europe de l'Ouest, berceau de la révolution industrielle au cours des 18e et 19e siècles, vers les États-Unis qui ont dominé l'économie mondiale tout au long du 20e siècle.

Mais, depuis les années 1980, la création de la richesse s'est encore déplacée pour se localiser en Asie. Le Japon, la Chine, la Corée du Sud, Taïwan, Singapour, Malaisie, sans parler de l'Australie, sont devenus des terrains d'attraction d'entreprises et de transferts de technologie.

Avec le début du 21e siècle, la puissance industrielle de la Chine inonde le marché mondial et fait trembler les anciennes puissances industrielles. Il n'y a que l'Afrique qui continue à vivre sous le poids d'une misère abjecte, aggravée par des guerres de la pauvreté, comme on l'a vu dernièrement en Éthiopie, au Mozambique, à l'est du Congo, en République Centre-Africaine, au Mali, au Soudan, au Burkina Faso, ou au Nigeria avec son Boko Haram.

L'Afrique peut-elle se préparer et se positionner pour être le prochain terrain d'atterrissage d'entreprises, de transferts de technologie, bref, le nouveau centre de création de la richesse ?

Encore une fois, le célèbre auteur américain du Choc du Futur, Alvin Toffler, qui a voyagé sur tous les continents pour comprendre la marche du monde, l'organisation des Nouveaux Pouvoirs et le mouvement de création de la nouvelle richesse révolutionnaire basée sur le savoir, essaie de répondre à la question « Pourquoi l'Afrique repousse-t-elle les investisseurs » ?

Pour ce futurologue de renom, les raisons principales sont notamment, les violences récurrentes, des guerres sans fin, des infrastructures inadéquates, la corruption généralisée et la mauvaise image des régimes politiques à caractère dictatorial et infréquentable, sans parler de l'épidémie dévastatrice du sida. La combinaison de tous ces facteurs éloigne les investisseurs significatifs et laisse sur place des exploiteurs miniers[69].

À ces défauts s'ajoutent des réglementations inadéquates, des aspects législatifs inadaptés, des systèmes juridiques sans indépendance et sous le contrôle de l'exécutif, et la réputation de non-respect des contrats, le mépris de la liberté des entreprises ou des citoyens, etc. Tous ces reproches sont des handicaps sérieux à l'épanouissement de l'entreprise privée, à la créativité et au développement industriel et technologique.

Les détenteurs de capitaux et du savoir-faire sont habitués à vivre et à travailler dans un environnement stable, sécurisé, prévisible, à l'abri de l'arbitraire, où les lois et les contrats sont respectés.

L'absence d'industries lourdes (aciérie, fonderie) et manufacturières prive l'Afrique d'outils et d'équipements nécessaires au développement industriel. C'est pourtant une forme d'industrie qui requiert une technologie simple, de base. Elle utilise une main-d'œuvre bon marché, moins chère et non spécialisée. Même si elle n'a pas une grande valeur ajoutée, elle constitue une des bases fondamentales pour le développement économique et industriel.

Dès que le secteur manufacturier et les infrastructures de base deviennent solidement installés, soutenus par des ajustements législatifs et réglementaires adéquats, alors le pays peut rapidement mettre en place des entreprises spécialisées dans les technologies plus avancées (information, électronique, énergies nouvelles, biotechnologies, etc.).

Mais, avant les entreprises spécialisées, il est important et vital de mettre en place des infrastructures permettant de créer, de traiter, de transformer, et de déplacer les biens physiques comme les ressources minières, le gravier, le sable, le calcaire, le gypse, l'asphalte, etc. Il est important de se doter d'infrastructures routières et ferroviaires permettant d'accéder aux matières premières, aux moyens de transport et aux marchés de consommation ou d'exportation.

---

[69] Toffler Alvin et Heidi, La richesse révolutionnaire, Ed. Plon, Sept. 2007, p. 106

Une fois que ces infrastructures sont en place, il y a des composants intellectuels de création de la richesse qui suivent automatiquement. Ce sont des entreprises de marketing, des firmes spécialisées en gestion financière, des sociétés de recherche, des entreprises de communication, des technologies de l'information, de vente et de distribution, et même des écoles spécialisées.

Toute cette machine exige, bien entendu, un encadrement législatif et réglementaire adapté et souple, un système de justice et un appareil sécuritaire efficace et intègre. La mise en place de cette base industrielle et manufacturière crée, à elle seule, des milliers d'emplois, augmente les revenus des travailleurs, favorise l'émergence d'une classe moyenne plus ouverte et mieux éduquée, plus participante au processus de développement économique et social.

La hausse de revenus entraîne automatiquement l'ajustement des salaires pour financer, à la fois, la production et la consommation avec la hausse des entrées dans le trésor public grâce aux impôts et aux taxes, qui entrent dans la caisse de l'État.

Évidemment, certaines compétences sont nécessaires à la réussite de ce vaste chantier. Mais à l'heure actuelle, souvent, ce ne sont pas les compétences qui manquent. La création de la richesse pousse la pauvreté et la misère à reculer, ce n'est pas un miracle. C'est le résultat d'un travail méthodique, organisé et exécuté de façon stratégique et bien planifiée.

L'auteur américain, Alvin Toffler, donne comme exemple, ce qui se passe actuellement en Chine. Selon lui, ce qui se passe en Chine va bouleverser la distribution de la richesse et ébranler le monde. Devenue la 3e plus grande exportatrice du monde depuis 2004, juste derrière les États-Unis et l'Allemagne, la Chine est devenue une gigantesque puissance qui se dresse au-dessus de l'économie planétaire[70].

Comment expliquer la réussite et les performances spectaculaires de la Chine depuis les années 1980 ? La Chine aurait d'abord choisi d'appliquer la stratégie innovante du double développement. Cette stratégie consiste à se concentrer d'abord sur les infrastructures nécessaires au développement industriel et à élever,

[70] Idem, p. 458

au premier rang, son propre secteur de connaissance à grande valeur ajoutée.

La Chine a estimé nécessaire de développer rapidement, à côté des usines de la production massive de l'ère industrielle, des technologies de l'information, des télécommunications, et de la technologie numérique de pointe, tout cela combiné avec l'acquisition des connaissances scientifiques et économiques les plus récentes.

Pour y parvenir, la Chine commence d'abord par importer une nouvelle technologie aussi rapidement que possible ; elle l'étudie, l'imite, la reproduit et l'améliore, écrit Robert C. Fonow, ancien président de Spring Japan, et directeur de Scientific Atlanta Shangaï[71]. Ensuite, elle développe des capacités technologiques locales équivalentes à celles de l'occident, et s'en sert comme base pour accroître ses propres innovations.

Et l'accélération s'étend au-delà des tactiques commerciales et technologiques, car les Chinois ne manifestent aucune émotion devant les changements rapides de leur environnement.

En plus de la vitesse, la Chine élargit son espace vital, sort de ses frontières et de l'Asie, lance ses entreprises industrielles classiques ou de haute technologie, comme Lenovo ou Huawei, à la conquête du monde. Aujourd'hui, les entreprises chinoises de haute technologie travaillent en partenariat avec les plus grandes entreprises américaines, britanniques ou suédoises.

Selon les experts, à côté des nouvelles routes de la soie (routes commerciales), la Chine est en train d'ouvrir une série de bases stratégiques, militaires ou diplomatiques surnommés « Collier de Perles » le long des principales voies maritimes du monde.

Toutes ces performances seraient impossibles si elles n'étaient pas soutenues par un savoir-faire nécessaire. Pour y arriver, des scientifiques et des ingénieurs chinois sont devenus des leaders mondiaux dans la création, dans l'achat, dans le vol de données, d'informations et de connaissances.

Et les financements consacrés à la recherche fondamentale et à la recherche appliquée au développement augmentent dans les mêmes proportions. Avec son énorme et insatiable appétit du

---

[71] Idem, p. 460

savoir, un savoir dispensé en partie par plus de six cent mille spécialistes étrangers, venus des plus grandes universités ou grandes écoles de technologie du monde, la Chine se prépare à devenir non seulement le plus grand manufacturier du monde, mais aussi la plus grande économie fondée sur la connaissance[72].

C'est cela la stratégie du double développement, développement de technologies industrielles et manufacturières de base, et développement de nouvelles technologies de pointe basées sur le savoir, comme les technologies numériques ou de l'information, les biotechnologies, ou les technologies spatiales et des énergies nouvelles.

[72] TOFFLER A et Heidi : Richesse révolutionnaire, op. cit., p. 463

10. Pourquoi la pauvreté persiste-t-elle dans certaines régions du monde ?

L'historien économiste de renommée internationale et professeur émérite à l'Université Harvard a posé la même question. Il en a même fait un thème de recherche. Pourquoi des riches ? Pourquoi des pauvres ? Au bout de ses recherches, David S. Landes brosse un portrait frappant de contraste entre les Nations, celles qui se battent contre l'obésité et doivent faire des efforts pour éviter le surpoids, et celles où la population ne sait pas toujours d'où viendra le prochain repas. Ce qui est le cas dans de nombreux pays africains qui mènent un dur combat contre la pauvreté, où des famines succèdent aux famines[73].

D'emblée, l'économiste relève que la pauvreté n'est pas une fatalité. Les solutions résident dans les sciences et dans les technologies. Si l'Europe est devenue incontestablement le moteur du développement industriel et de la modernité, elle a connu elle aussi une longue période d'invasions, de guerres, de pillages et de rapines.

Si on pense à l'Europe de cette époque, dit-il, personne n'aurait pu imaginer que cette région du monde allait devenir le moteur et le point de départ de la transformation du reste du monde. Il constate, cependant, que les Européens se sont toujours efforcés de substituer, à la force et aux compétences humaines, la force des animaux, et plus tard, celle des machines. Ce qui explique la priorité accordée, pendant plusieurs siècles, au développement scientifique et technologique, afin de trouver des méthodes plus rapides, plus économiques et plus performantes de production.

Même pendant la longue période du Moyen-Âge, les Européens ont tenté de développer des technologies destinées à faciliter le travail. Il donne, comme exemple, l'invention de la roue hydraulique, utilisée aux 10e et 11e siècles. L'emploi de la force hydrau-

---

[73] LANDES D. S, Richesse et Pauvreté des Nations, Pourquoi des riches ? Pourquoi des Pauvres ? éd. Albin Michel, février 2000, P.38

lique permettait des tâches comme le broyage du grain ou de métaux.

Parmi les facteurs qui expliquent cet intérêt pour la nouveauté et pour le meilleur, ainsi que cette joie de trouver ou d'innover, une passion qui est toute européenne, dit-il, les historiens mettent l'accent sur la recherche de marchés, et la liberté d'entreprise. L'invention de moyens nouveaux permettait de produire de nouveaux objets, et cela payait.

Avant même la découverte de l'Amérique, les Portugais avaient déjà importé des esclaves d'Afrique, pour travailler dans les plantations de canne à sucre dans les Canaries, dans Îles des Açores, ou dans l'archipel de Madère. Ces plantations servirent d'expérimentation pour les futures opérations, qui allaient être plus rentables, après la découverte de l'Amérique[74].

Les voyages et découvertes faits par les portugais aux 15e et 16e siècles, figurent parmi les plus grands événements survenus dans le monde. Les Portugais, on le sait aujourd'hui, ont été les premiers à mettre sur pied la navigation de l'océan.

Combinés avec l'invention de l'imprimerie par Gutenberg, ces voyages et ces découvertes ont, sans nul doute, marqué un tournant dans l'inconscient collectif des Européens. Ils ont accéléré la fin du Moyen-Âge, et ont ouvert la porte d'entrée d'une ère nouvelle appelée la Renaissance, ajoute Landes. Les Portugais ont consacré pratiquement tout le 15e siècle à ces explorations, et à l'amélioration des techniques et des équipements de navigation.

Chaque voyage était une expérience, une incitation à innover et à perfectionner matériel et techniques. Entrepris dans des conditions rudimentaires de l'époque, ces voyages exploratoires ont certainement coûté cher. Lorsque Christophe Colomb et ses trois caravelles découvrirent les terres d'Amérique centrale, pour le compte du Roi d'Espagne, le Roi Manuel du Portugal fut furieux. Les Portugais avaient travaillé pendant plusieurs décennies, et les Espagnols réussissaient un coup aussi spectaculaire à leur premier essai.

[74] Idem, p.102

Le Roi du Portugal chargea aussitôt Vasco de Gamma de se mettre au travail pour réparer cette injustice. C'est ainsi qu'en 1497, une flottille de quatre navires, sous le commandement de Vasco de Gamma, quitta Lisbonne pour poursuivre la tentative avortée de Bartolomeo Diaz. Celui-ci faisait d'ailleurs partie de l'équipage de Gamma en tant qu'un de ses capitaines.

La mission était de trouver la route des Indes en dépassant le cap de Bonne Espérance. Le périple qui devait parcourir plus de 27 000 miles fut accompli et dura un peu plus de deux ans. Sur les 170 hommes embarqués au point de départ, seulement 54 reviendront vivants.

Le retour triomphal de Vasco de Gamma, avec d'importantes cargaisons d'épices, poussa les Portugais à envoyer une 2e expédition cette fois-ci aux Indes, afin de préparer une installation durable dans l'océan indien et de l'Afrique sud-orientale (Mozambique). Forte de 13 bateaux et de 1200 hommes, cette expédition, dont des soldats, partit au début de l'an 1500, sous le commandement de Pedro Alvarez Cabral. C'est ainsi que les comptoirs, connus aujourd'hui sous les noms de Maputo ou de Macimboa da Praia, furent ouverts sur la côte du Mozambique actuel.

Selon David S. Landes, le peuple portugais, dont l'importance numérique était relativement faible, était très pragmatique. Les Portugais faisaient preuve d'un remarquable esprit d'entreprise. Ils faisaient venir des esclaves pour pallier les besoins de main-d'œuvre, épousaient des femmes de toutes races, et plusieurs à la fois, engrossaient des femmes noires par dizaines, comme pour engendrer une nouvelle nation[75].

Landes ajoute que les explorateurs et les colons portugais embarquaient toujours, sur leurs bateaux, des prêtres et des religieux car le pouvoir de la prière et des sacrements protégeait leur sécurité. En même temps, la présence de ces hommes de Dieu légitimait et sanctifiait leur cupidité, une forme d'instrumentalisation de la religion.

---

[75] Idem, p. 174

Avec le début du 17e siècle, les Portugais connurent un certain déclin, car les Hollandais et les Anglais les supplantaient dans le commerce de marchandises et celui d'idées nouvelles et novatrices. Quand les Anglais s'établirent en Inde, ils découvrirent que l'Inde produisait le meilleur fil de coton du monde. C'est alors qu'ils saisirent cette opportunité.

Les marchands de Londres mirent sur pied l'East India Company, qui misait seulement sur les cotonnades. La compagnie créa un marché et en tira beaucoup de profit. Au début du 18e siècle, le coton, cultivé aussi dans les colonies d'Amérique était devenue une marchandise dont la demande était si large et si souple, qu'elle déclencha une véritable révolution dans l'industrie textile en Angleterre.

Depuis l'invention de l'écriture, les Européens ont été, pendant plusieurs siècles, les seuls à s'y intéresser. Leur extrême curiosité les poussa dans des voyages très périlleux vers des lieux lointains et inconnus, souvent à bord d'embarcations très fragiles. La curiosité fut un aspect très important et significatif de l'expansion et de la domination européenne.

À la curiosité s'ajoutait l'audace. Cette curiosité ouvrit la voie à la reconnaissance de nouveaux lieux et à leur exploitation. L'Europe occidentale s'engageait clairement sur la voie de la Révolution industrielle.

L'invention de nouvelles techniques de production se traduisait par des revenus encore plus élevés qu'avant. En essayant de faire la synthèse, Karl Marx et Engels ont écrit dans *le Manifeste du parti communiste* que « La découverte de l'Amérique, la navigation autour des côtes africaines, l'ouverture de nouveaux marchés dans les colonies, l'accroissement de moyens d'échanges et de marchandises donnèrent enfin au commerce, à la navigation et à l'industrie, un essor jusqu'alors inconnu, et du même coup hâtèrent l'élément révolutionnaire au cœur de la société féodale qui s'écroulait »[76].

Dès le 18e siècle, la Révolution industrielle allait métamorphoser le monde. La découverte du Nouveau Monde et des régions de

---

[76] Idem, p. 225

l'Asie aiguisait l'appétit des peuples comme les Anglais et les Hollandais ; ce fut l'occasion pour eux d'envisager de nouveaux projets et d'entrevoir un avenir plein de riches promesses.

En débarquant dans le Nouveau Monde, les Européens, découvrirent non seulement des peuples nouveaux (des noirs, des Amérindiens), mais aussi de nouvelles plantes comme le maïs, le cacao, la pomme de terre, qui deviendront rapidement de nouvelles sources de richesses. Ces nouvelles plantes eurent aussi un impact formidable sur le mode d'alimentation en Europe et ailleurs dans le monde.

La croissance économique et démographique de l'Europe des 18e et 19e siècles connut des difficultés et des moments de tension soulagés en partie par l'émigration vers l'Amérique. C'est dans ces conditions que l'Europe poursuivit le rythme de sa modernisation.

À côté de la curiosité, de l'audace et de la passion d'innover, David S. Landes relève que les personnes, comme les États, n'utilisent pas les acquis et les apports économiques de la même façon. Certaines personnes s'enrichirent uniquement pour dépenser et festoyer, d'autres pour épargner et pour investir afin de produire encore plus d'argent.

Les modèles de croissance mettent en évidence la nécessité et la puissance du capital. Le capital facilite le crédit, adoucit les échecs, rachète les erreurs, offre une seconde chance à l'entreprise. Le capital reste la source essentielle du développement économique. Et de tous les emplois qu'on peut faire de l'argent, la guerre est le plus ruineux. Un pays qui veut se développer doit éviter dans la mesure du possible des tensions qui mènent à la guerre et favoriser la paix sociale.

À la fin du 17e siècle, l'Espagne possédait la plus grande richesse du monde. Au lieu de l'investir pour produire encore de la richesse, les espagnols pour l'amour du luxe et du confort, dépensaient tout pour acheter, aux Anglais, Hollandais et même à la Flandre, ce dont ils avaient besoin.

En fin de compte, l'Espagne devint ou demeura pauvre, alors qu'elle avait eu beaucoup d'argent. Au lieu de développer de bonnes habitudes de travail et de création de richesses, les Espagnols s'abandonnèrent à leur goût pour le statut, pour le divertissement et pour le plaisir, ce que Carlo Cipolla a appelé la mentalité Hidalgo dominante.

Vers les années 1650, l'afflux de l'or et d'autres métaux était en train de cesser après tout un siècle d'exploitation, et l'Espagne s'engageait irréversiblement vers le déclin, juste au moment où les Anglais et les Hollandais affirmaient leur mainmise sur le commerce maritime. Généralement, l'argent facile ne profite pas.

Par contre, les nations d'Europe du Nord bâtirent leur prospérité sur le travail et l'ouverture sur le monde. Les peuples de ces nations travaillaient fort, chassaient la baleine pour en raffiner l'huile, cultivaient, achetaient et revendaient les céréales, tissaient des étoffes, exploitaient forêts et mines de charbon, respectivement utilisées comme matériaux de construction et comme source d'énergie. Ils fondaient et forgeaient le fer et d'autres métaux.

C'est ainsi qu'à la fin du 16e siècle, le centre de gravité économique se transféra vers les nations d'Europe du nord, autour des cités d'échanges en pleine croissance, comme Londres et Amsterdam. À la même époque, les anciennes Cités-États marchandes et industrielles d'Italie, comme Venise, Florence ou Gênes déclinèrent également. Ayant été à l'avant-garde de la révolution commerciale tout au long du Moyen-Âge, l'Italie manqua pourtant la grande ouverture sur le reste du monde.

Malgré sa grande maîtrise de la navigation, elle resta enfermée au cœur de la Méditerranée. On ne trouve nulle part la trace de ses navires : ni dans l'océan Indien ni dans l'Atlantique.

Ainsi, à partir du 17e et surtout du 18e siècle, les nations d'Europe du Nord prennent nettement de l'avance sur le Sud méditerranéen. Ce renversement de situation soulève toujours des questions et fascine les historiens.

La grandeur et la décadence de l'Espagne, comme celle de Rome, posent un problème fascinant auquel des chercheurs n'ont pas fini de s'intéresser, à savoir le problème de l'échec ou de la réussite, ajoute Landes.

Parmi les tentatives d'explication de ce phénomène, l'intellectuel allemand Max Weber dans son livre « *L'éthique protestante et l'esprit du capitalisme* », ouvrage qui a été publié en 1904-1905, avance l'idée selon laquelle le protestantisme, surtout dans ses formes calvinistes, a favorisé l'essor du capitalisme moderne., c'est-à-dire du capitalisme industriel.

Le protestantisme a permis cela en définissant et en sanctionnant une éthique du comportement quotidien, qui conduit au succès dans les affaires. Par éthique du comportement quotidien, il faut entendre : travail acharné, honnêteté et sérieux, usage parcimonieux de l'argent et du temps. C'est, en s'inspirant et s'appuyant sur ces valeurs, que les puritains ont construit les colonies en Nouvelle-Angleterre, comme au Massachusetts, en Pennsylvanie, New York et ailleurs.

Ce code de sécurité des bonnes pratiques conduit finalement au succès dans les affaires. Bien entendu, certains auteurs, comme les historiens matérialistes, ont réfuté cette thèse de Max Weber, en rejetant l'idée que des notions aussi abstraites comme les valeurs et attitudes, ou celles d'inspiration religieuse, pouvaient motiver et façonner les modes de production.

Tout en rejetant le lien entre protestantisme et croissance économique, l'historien anglais R.H.Tawney, dans son ouvrage « *Religion and the rise of capitalism* » déclara que l'économie anglaise n'avait décollé au 16e siècle que lorsque l'influence de la religion, sous-entendue catholique s'était atténuée.

Il reconnut que l'éthique puritaine de la dissidence protestante avait protégé commerçants et fabricants contre le mépris de l'aristocratie. L'éthique puritaine leur avait donné un sentiment de dignité et de droiture, une armure solide dans un monde de préjugés hostiles au commerce.

Ainsi, ne cédant pas à la tentation d'une vie de luxe et d'oisiveté, les bons calvinistes restèrent attelés à leur tâche, génération après génération, accumulant ainsi expérience et fortune.

De son côté, le sociologue R.K.Merton affirma que protestantisme et essor de la science moderne sont historiquement liés. Abondant dans le même sens, l'historien Adolphe de Candolle, originaire d'une famille de Genève, dans son livre *Histoire des sciences et des savants*, calcula que sur les 92 membres étrangers élus à l'Académie des Sciences de Paris, dans la période entre 1666 et 1866 (période de la Révolution industrielle), 71 étaient protestants,

16 catholiques, et les cinq derniers juifs ou de confession religieuse non déterminée.

Pour David S. Landes, cela reflète, sans aucun doute, l'accès plus facile des catholiques aux vieilles professions libérales et à la bureaucratie officielle dans les pays catholiques, et donc leur préférence pour une forme particulière d'éducation.

Même si, plus tard, la thèse de Max Weber, qui a provoqué beaucoup de bruit à son époque, fut qualifiée d'invraisemblable et d'inacceptable, beaucoup d'autres économistes et d'historiens notent que les faits observés dans différentes régions de l'Europe, Angleterre, Pays-Bas, Allemagne occidentale, donnent aussi aux protestants un crédit non négligeable à la thèse de Weber.

Pour D.S. Landes, cette période de la fin du Moyen-Âge et de la Renaissance, période marquée par la découverte du Nouveau Monde et d'autres régions lointaines, fut aussi celle de l'avènement d'un type nouveau d'hommes, rationnels, méthodiques, travailleurs et productifs. Le protestantisme généralisa ces valeurs qui, sans être nouvelles, étaient jusque-là peu répandues.

Deux autres caractéristiques particulières illustrent et confirment ce lien entre protestantisme et intérêt pour la science et le commerce. La première caractéristique est l'accent qui est mis sur l'instruction et sur la maîtrise de la lecture aussi bien pour les filles que pour les garçons. Tout bon protestant était censé lire les saintes Écritures (la bible) par lui-même..

Par contraste, les catholiques étaient catéchisés, mais n'étaient pas obligés de lire eux-mêmes, ce qui conduisait à un taux plus élevé d'alphabétisation prolongée chez eux. La seconde est l'importance accordée au temps.

À propos de l'emploi du temps, un sociologue a présenté un point qu'il considérait comme une preuve indirecte : la fabrication et l'achat de montres et d'horloges. Selon son observation, même dans les pays catholiques comme la France ou la Bavière en Allemagne voisine, la plupart des horlogers étaient protestants. En plus, la diffusion et l'utilisation de ces instruments de mesure du temps dans les zones rurales étaient plus répandues en Hollande et en Grande-Bretagne que dans les pays catholiques.

Cette thèse de Weber a réveillé en moi un vieux souvenir d'enfance. Au cours des années 1950 et 1960, dans plusieurs paroisses du Rwanda où les prêtres catholiques avaient pénétré depuis le début du siècle, dans plusieurs familles, des parents étaient catéchisés et baptisés, mais leurs enfants n'étaient pas envoyés à l'école. Ils attendaient, à leur tour d'être baptisés, après quelques séances de catéchisme, alors que dans les zones où les pasteurs protestants s'étaient installés, tous les enfants en âge scolaire étaient enregistrés et envoyés systématiquement à l'école, même si l'école la plus proche se trouvait à des dizaines de kilomètres, loin de leur village.

Pour le professeur D.S. Landes, tout individu, croyant ou non, peut devenir rationnel, travailleur méthodique, propre et productif. Il n'est pas nécessaire d'être un homme d'affaires pour cela, car de telles qualités peuvent être bénéfiques et profitables dans toutes sortes de professions.

Selon lui, l'argument de Max Weber est que, à cet endroit (l'Europe du Nord du 16e siècle) et à cette période, la religion avait encouragé l'apparition et la multiplication d'un type de personnalité jusqu'alors exceptionnel et fortuit, et que ce type d'hommes nouveaux avait créé une nouvelle économie, un nouveau mode de production que nous connaissons sous le nom de capitalisme industriel.

Au cours de cette période, l'apparition d'une nouvelle espèce d'acteurs dans le monde des affaires fut un des aspects du déplacement du pouvoir économique et de la fortune du sud de l'Europe vers le nord. Le déplacement de l'argent fut accompagné par le développement du savoir, car les découvertes scientifiques dictaient les possibilités économiques.

L'inquisition, la chasse aux luthériens et autres hérétiques, l'intolérance et l'expulsion des étrangers, l'interdiction même d'aller étudier à l'étranger dans l'Espagne et dans le Portugal du 16e siècle, furent fortement préjudiciables à cette région du sud de l'Europe.

Ainsi, la Péninsule ibérique et en fait toute l'Europe méditerranéenne manquèrent le train de ce qu'on a appelé la révolution scientifique. Selon l'historien britannique Hugh Trevor Poper, cette réaction anti-protestante, scella le sort de l'Europe méridionale pour les trois siècles suivants.

Même si un tel repli n'était ni fatal ni dicté par la doctrine, une fois engagée dans cette voie, il fut difficile pour l'Église, qui se considérait comme la seule dépositaire et gardienne de la vérité, de reconnaître ses erreurs et de changer de direction. À titre d'exemple, il aura fallu, à Rome, attendre plus de quatre cents ans pour réhabiliter Galilée, condamné par l'Église romaine, en 1633, pour insoumission et hérésie[77].

Dans d'autres pays comme la France, les savants balançaient entre raison et sensibilité, intégrité et soumission. Même Descartes, malgré son habileté, trouva difficile de vivre en France, et partit s'installer en Hollande, sans laisser d'adresse. Landes ajoute que, quand les scientifiques français, qui ne manquaient pas de talents ni de génie, se réconcilièrent avec les mathématiques et avec la physique newtonienne, ils réussirent fort bien au point d'égaler et parfois de surpasser leurs maîtres.

Pour Landes, intolérance envers les étrangers, superstition, ignorance et autres actes injustes perpétrés par des dirigeants dans différents pays sont l'une des causes du retard persistant de nombreux pays. L'ouverture, l'accueil, l'acceptation et intégration des autres peuples constituent toujours un atout.

Landes rappelle ensuite le décollage de la Révolution industrielle aux 17e et 18e siècles, décollage marqué par une série d'inventions qui donnèrent naissance à un nouveau mode de production en usine.

Au cours du 18e siècle, plusieurs secteurs industriels connurent des avancées remarquables qui répondaient à trois principes.

- le remplacement de la force et de la compétence des hommes par des machines, qui sont plus rapides, régulières, précises, infatigables,
- le remplacement des sources d'énergie animées par des sources inanimées comme des machines permettant de transformer la chaleur en force de travail,

[77] Idem, p. 242

- l'utilisation de matières premières nouvelles plus abondantes comme les matières d'origine minérale ou artificielle, pour les substituer aux matières d'origine animale ou végétale. Ce sont ces trois substitutions, conclut-il, qui ont fait la Révolution industrielle.

Ces remarquables avancées ont entraîné une croissance rapide de la productivité et, parallèlement, une plus grande création de la richesse. Face à cette combinaison de connaissances scientifiques et de techniques, dont l'impact se répercutait sur l'augmentation rapide de la productivité, une ère de promesses et de grandes espérances s'ouvrait, dans certains pays de l'Europe occidentale et de l'Amérique du Nord.

La Révolution industrielle bouleversa radicalement l'ordre social et transforma aussi bien les manières de penser que les manières de faire. Le mot révolution ici doit s'entendre dans son sens de transformation profonde d'une société, en mettant l'accent sur la profondeur du changement social. Il rappelle un fait que certains ont tendance à oublier.

Les extraordinaires avancées de la Révolution industrielle n'ont pas été réalisées du jour au lendemain. Le processus des changements, des inventions et des innovations s'est étalé sur plusieurs années : environ deux siècles.

Prenons la vapeur à titre d'exemple. Le premier instrument à utiliser la vapeur, pour créer un vide et actionner une pompe, fut breveté en Angleterre, en 1698, par Thomas Savary. Tandis que la première machine à vapeur au sens propre, avec un piston, en 1705 par Thomas Newcomen. Cette machine, qui reposait sur la pression atmosphérique, gaspillait beaucoup d'énergie.

Il a fallu attendre quelque 60 ans encore, pour voir James Watt inventer une machine avec condenseur séparé dont l'efficacité, en termes de consommation d'énergie, était suffisamment bonne pour permettre l'emploi de la vapeur loin des mines, dans les nouvelles cités industrielles. Et il faudra 15 ans encore, pour adapter la machine à vapeur aux mouvements rotatifs en 1783, et lui permettre d'entraîner les roues de l'industrie.

Entretemps, ingénieurs et mécaniciens avaient dû résoudre de multiples problèmes plus ou moins importants de fabrication et de maintenance. Et ce n'était pas fini. Une autre voie restait à explorer. Comment utiliser des machines à forte pression et non plus des machines à seule pression atmosphérique ?

Comment utiliser des machines qui pouvaient avoir une taille plus compacte et capables de propulser des navires ou des voitures sur les routes ? Cela a pris encore 25 ans.

De tels emplois de la vapeur donnaient priorité à l'économie de combustibles. Et la réponse se trouvait dans une machine composée pour permettre l'utilisation de la vapeur à haute pression, afin d'actionner successivement deux pistons ou plus. La pression, ayant fourni sa force de travail dans un cylindre à haute pression, se détendait dans un cylindre plus grand à pression plus faible.

La machine à pression, qui remontait de 1781 à 1804, ne put trouver ses applications que dans les années 1850, quand elle fut employée dans des machines de navires. Elle contribua à l'expansion du commerce dans les océans. Les choses ne devaient pas s'arrêter là. La taille et la puissance des machines à vapeur étaient limitées par l'inertie du piston.

Le piston, dans ses mouvements de va-et-vient, exigeait beaucoup d'énergie, pour inverser la direction. La solution fut trouvée par l'ingénieur Charles A. Parsons, en 1884. Elle consista à convertir le mouvement alternatif en mouvement rotatif, en remplaçant le piston par une turbine à vapeur. Cette innovation majeure fut introduite dans des usines thermiques vers la fin du 19e siècle, et dans les navires un peu après[78]. Ainsi, le perfectionnement de la seule machine à vapeur avait pris presque deux cents ans.

Un autre exemple est l'utilisation du coke pour la fonte du fer. La première utilisation du coke pour la fonte du fer par Abraham Darby, à Coalbrookdale, remonte à 1709. Aujourd'hui, le haut fourneau désaffecté de Coalbrookdale reste l'une des plus grandes attractions d'un musée de l'industrie.

Mais, cette première utilisation de Darby comportait encore beaucoup de difficultés. Il a fallu quelque quarante ans pour surmonter ces difficultés et l'emploi de la fonte au coke ne se généralisa que vers les années 1850. Il faut comprendre aussi que la technologie

---

[78] LANDES S.D, Richesse et pauvreté des Nations, op. cit., p. 250.

de la fonte présentait de sérieuses limites. La fonte convient à la fabrication des objets qui doivent supporter peu de contraintes comme des marmites, des tuyaux, et d'autres objets du même genre.

On ne peut pas développer une technologie mécanique sur des pièces fondues. Les éléments mobiles exigent la résistance et l'élasticité du fer ou de l'acier. Il a fallu un demi-siècle et de nombreuses expériences aux maîtres des forges et aux raffineurs pour maîtriser les techniques de fabrication permettant de traiter cette fonte. Les brevets de Henry Cort furent déposés en 1783 et 1784. Et il fallut attendre encore plus de soixante ans, pour obtenir un acier bon marché produit grâce au convertisseur Bessemer, en 1856.

La production et l'utilisation de l'acier transformèrent profondément l'industrie et les transports, notamment avec la construction des équipements nouveaux et d'infrastructures. Avec cet acier, il devenait possible de l'employer pour la fabrication de rails (de chemins de fer) et pour la construction de navires ayant des coques plus minces, plus robustes, et de plus grandes capacités de transport.

Parallèlement à ces découvertes et ces innovations majeures, est venue s'ajouter la fabrication de machines mues par une énergie d'origine non humaine.

Il faut entendre le sens d'une machine comme un instrument articulé, permettant de manier un ou plusieurs outils, de manière à faire le travail de la main. La machine accomplit plusieurs tâches, telles qu'accentuer la force et la vitesse, diriger un outil qui accomplit des mouvements répétés et uniformes, ou encore aligner, en batterie, plusieurs outils, afin de multiplier le travail exécuté par un seul mouvement.

L'énergie d'origine non humaine change profondément les choses. Il faut garder en mémoire que le Moyen-Âge connaissait déjà un certain nombre de machines, comme pour moudre le blé et l'orge, laver les étoffes, filer ou façonner des métaux. Et certaines de ces machines étaient mues par une énergie non humaine en particulier par des roues hydrauliques.

Un autre exemple qui marqua une avancée majeure au début de la Révolution industrielle fut la mécanisation du filage. Des artisans et des inventeurs ont tâtonné pendant plusieurs décennies, de 1730 à 1760, surtout après l'apparition, sur le marché d'une fibre végétale résistante qu'est le coton. L'application de la filature mécanique au coton allait bouleverser toute l'industrie textile.

Dans la métallurgie, de grands progrès furent réalisés dès qu'il fut possible de substituer le mouvement rotatif au mouvement alternatif. La fabrication de métal en feuille par le laminage, le perçage par foret, plutôt que par emboutissage, le polissage et le façonnage au tour, plutôt qu'au ciseau et au marteau, furent des améliorations de grande portée pour la fabrication de prototypes et pour l'usinage. À cela s'ajouta le recours à la mesure de précision et au réglage fixe. Le machinisme et la mécanique industrielle en tirèrent un très grand profit.

La plupart de ces avancées, ainsi que l'invention des machines pour construire d'autres machines, furent réalisées au cours de la deuxième moitié du 18e siècle. Ce mouvement ne cessait de s'amplifier, car les fabricants et les utilisateurs sentaient monter la fièvre de création de produits nouveaux, ainsi que l'accroissement des revenus. Ils voulaient de l'argent, et encore plus d'argent. Un monde où les appétits de richesse ne connaissaient plus de bornes venait de s'ouvrir.

Le cœur de ce processus qui conduisit à la mécanisation de l'industrie et à l'adoption de l'usine trouve sa fondation dans l'histoire de l'industrie textile.

Les changements rapides intervenus dans ce domaine commencèrent avec la machine à filer de James Hargreaves, en 1766. Elle fut suivie du métier à tisser de Thomas Arkwright en 1769, ensuite de la mule en 1779 mise au point par Samuel Crompton.

La construction du premier métier à tisser non manuel en 1787 par Edmund Cartwright, suivie par la conception d'une mule automatique par un habile fabricant de machines du nom de Richard Roberts en 1830, complétèrent ce processus. Depuis lors, la filature put atteindre un haut niveau d'indépendance. Cette série d'invention avait pris plus de soixante ans. Elle permit l'émergence d'une ère nouvelle de la technologie.

Sur cette base, la Révolution industrielle, depuis son berceau en Grande-Bretagne, couvrit à peu près un siècle, allant de 1770 à 1870, pour instaurer une sorte d'ordre nouveau ayant des relations plus ou moins stables, dans différents domaines de l'industrie.

La nouvelle technique entraîna une baisse importante des coûts et des prix, ainsi qu'une augmentation rapide de la production et de la consommation des produits en coton. Des spécialistes de l'histoire économique s'accordent à dire que les trente dernières années du 18e siècle, à partir des années 1760-1770, marquèrent une rupture avec l'ordre ancien. Cette rupture fut caractérisée par des taux de croissance sans précédent et, surtout, par les prémisses d'une transformation profonde du mode de production[79].

Certains spécialistes notent que, malgré cette transformation du mode de production, la croissance globale n'a pas été rapide en Grande-Bretagne, car selon D.N. Mc Closky, le revenu par tête a été multiplié par 2 entre 1780 et 1860, et par 6 entre 1860 et 1990.

Marquées par une profonde transformation des modes de production, ces avancées de la Révolution industrielle eurent, pour conséquence, d'élargir le fossé entre les nations industrielles modernes de l'Europe occidentale et les autres pays qui restaient à la traîne.

En 1750, la différence de revenu par tête entre la partie occidentale et la partie orientale (À l'est de l'Allemagne) était peut-être de 15 %. Elle était un peu plus de 20 % en 1800. Elle atteignait 64 % autour de 1860, et 80 % en 1900[80]. La Révolution industrielle a donné naissance à deux mondes séparés, le monde des gagnants et le monde des stagnants, pour ne pas dire des perdants.

Des historiens économiques se sont demandé pourquoi c'est en Grande-Bretagne et non ailleurs qu'est née la Révolution industrielle et à cette époque (le 17e siècle). Et ils ont dégagé certains éléments de réponse. Le premier facteur évoqué fut la préparation.

Il y avait, en Grande-Bretagne, une accumulation de connaissances et de savoir-faire qui avaient été favorisés par l'autonomie croissante de la richesse intellectuelle et par le développement de

---

79 Idem, p. 256

80 Op. cit., p. 257

l'unité dans la diversité, sous la forme d'une méthode commune implicitement contradictoire. C'est dire la création d'un langage reconnu de la preuve, utilisé et compris par-delà les barrières nationales et culturelles. En plus, en Grande-Bretagne, la volonté d'invention gagnait des esprits, la recherche et sa diffusion devenaient de plus en plus enseignées et apprises, universellement communiquées, bref, vulgarisées, démocratisées, et in fine, banalisées.

Le combat pour la culture de l'autonomie remontait au temps des conflits du Moyen-Âge. Le but de ce combat était de s'écarter de l'opinion dominante incarnée par l'Église romaine. La Grande-Bretagne, et dans l'ensemble cette partie de l'Europe devenue majoritairement protestante, en dissidence vis-à-vis du catholicisme, vint à cultiver un sens du progrès et un goût pour la nouveauté.

Les gens étaient, à cette époque, plus intelligents, plus habiles que par le passé. Cette ouverture d'esprit avait été suscitée par les extraordinaires expériences personnelles des grands navigateurs, notamment portugais, qui sillonnaient les mers et les océans. Le deuxième facteur évoqué est la méthode.

Les chercheurs, les philosophes et les scientifiques de la Renaissance, des 16e et 17e siècles, estimaient qu'il fallait comprendre et donner des explications aux phénomènes naturels, car les choses sont dans la nature, contrairement à la vision des philosophes anciens, qui affirmaient que la nature était dans les choses.

En plus, chercheurs et scientifiques commencèrent à attribuer, aux mathématiques, une valeur immense, car les mathématiques permettent de décrire les observations et de formuler les résultats de manière précise, vérifiable et reproductible. Cette approche ouvrit la voie à l'expérimentation réfléchie.

S'en est suivie une puissante combinaison de la perception et de la mesure, de l'expérimentation, de la vérification et de la déduction. Formulée en termes mathématiques, cette « nouvelle méthode » fut la clé de la connaissance. L'expérimentation posa, aux scientifiques, des problèmes, pendant des années, car il fallait inventer des stratégies de recherche, des instruments d'observation et de mesure. Mais, à partir du 16e siècle, avec Galileo Galilei, l'expérimentation devint un système.

Pour mieux voir, les scientifiques avaient besoin des instruments. Le télescope et le microscope furent inventés vers 1600. L'invention d'instruments de mesure de très grande précision, l'invention d'instruments de calculs plus rapides que ceux d'avant devinrent possibles, grâce, notamment, aux logarithmes de John Napier, à la géométrie analytique de Descartes et au nouveau calcul infinitésimal d'Isaac Newton et de Gottfried Wilhelm von Leibniz. La contribution de ces mathématiques nouvelles à l'expérimentation, à l'analyse et au progrès technique fut immense.

Le troisième pilier institutionnel de la science occidentale fut la démystification et, finalement, la banalisation de la découverte. Ce qui arrivait à un endroit donné était rapidement connu partout ailleurs, grâce en partie au latin, langue commune de la connaissance. La communication facile tenait, également, au développement précoce de services de messagerie et de poste, mais aussi parce que les gens se déplaçaient en tous sens.

Organisés sous la forme de sociétés savantes, les intermédiaires scientifiques qui communiquaient entre eux jouèrent un rôle important dans la diffusion des connaissances et des découvertes. Les premières sociétés de ce genre apparurent en Italie. Tel est le cas de l'Academia Dei Lincei à Rome, en 1603, puis l'Academia Parisiennsis, en 1635, devenue plus tard, plus exactement en 1666, l'Académie des sciences, ou la Royal Society de Londres, en 1660.

Ainsi, la méthode et les nouvelles connaissances scientifiques trouvaient leur application dans le domaine des technologies comme dans celle de l'énergie.

Avec l'invention de l'imprimerie, la diffusion des nouvelles connaissances et des expériences réalisées devint encore plus rapide. L'invention suprême au cours de ces siècles fut celle de la transformation de la chaleur en une force de travail grâce à la vapeur. Elle sera complétée par la mise au point des lois de la thermodynamique.

La grande Révolution industrielle commencée au 17e siècle, pour atteindre sa vitesse de croisière au milieu du 19e siècle, a mis du temps. David S. Landes la compare à une grande rivière qui doit attendre que de nombreux petits ruisseaux à son origine, se réunissent pour la former. Karl Marx, estime quant à lui que l'industrie moderne fut le fruit du mariage de la machine et de l'énergie, mais aussi de l'union de la force énergétique et de la puissance politique[81].

Pourquoi la Révolution industrielle se développa-t-elle, d'abord en Grande-Bretagne, et non dans un autre pays ? Les historiens n'ont pas manqué de se poser cette question.

Ils ont constaté que, dès le début du 18e siècle, la Grande-Bretagne était très en avance dans l'utilisation de certaines technologies de pointe, dans des secteurs cruciaux tels que celui du textile, celui du fer, celui de l'énergie, et dans les machines qui formeront le noyau de la Révolution industrielle.

À cela, il faut ajouter l'agriculture commerciale et les transports britanniques. Mais tout cela n'était pas le fruit du hasard. Rien n'était tombé du ciel. La précoce supériorité technologique de la Grande-Bretagne, dans ces secteurs-clés, fut le fruit du travail, de l'ingéniosité, de l'imagination et de l'esprit d'entreprise.

Mais la question revient encore. Pourquoi cette avance, à cette époque ? À côté de l'ingéniosité et de la force de travail, il faut ajouter les valeurs culturelles et les institutions. Comment alors doit être une société idéale, une société propice à la production de biens et services, et à la création de la richesse ? L'auteur de *La Richesse et pauvreté des nations* donne des indications de direction.

De quoi une société idéale, une société propice à la production de biens et de services, une société propice à la création de la richesse doit-elle être capable ? Une telle société :

- doit être capable de créer, d'adapter, de construire les instruments de production,

- doit être capable de créer, d'adapter, et de maîtriser de nouvelles techniques sur le front de l'innovation technologique ;

- doit savoir inculquer ce savoir et ce savoir-faire aux jeunes par l'enseignement général, par l'apprentissage et par la spécialisation.

---

[81] Op. cit., p. 277

Cela veut dire que son système d'enseignement doit être en permanente amélioration pour rester performant ;

- doit être capable de choisir les individus responsables selon leurs compétences et selon leurs mérites, ensuite les promouvoir ou les rétrograder selon les résultats ;

- doit laisser les coudées franches à l'entreprise individuelle ou collective sous forme sociétale, afin d'encourager l'esprit d'initiative, la concurrence, et l'émulation sans les entraver par des lois et des règlements inadéquats ;

- et doit permettre aux individus de jouir pleinement des fruits de leur travail et de leur entreprise.

Ces critères ne peuvent se réaliser que dans une société qui dispose d'institutions favorables à la réalisation d'objectifs encore plus généraux comme :

- garantie des droits à la propriété privée afin de stimuler l'épargne et l'investissement ;

- garantie de la liberté individuelle qui protège les citoyens contre les abus de la tyrannie et contre le désordre privé, comme la criminalité ou la corruption ;

- faire respecter le droit des contrats, contrats implicites et contrats explicites ;

- assurer un gouvernement stable, régi par des règles connues du public, c'est-à-dire un gouvernement régi par des lois, et non par des hommes, qui agit dans la transparence ;

- doit permettre au peuple d'être dirigé par un gouvernement fondé sur des élections périodiques, libres et transparentes, où la majorité issue des urnes gouverne sans violer les droits des perdants qui, à leur tour, acceptent leur défaite, en attendant le retour de la fortune (la prochaine élection) ;

- un gouvernement à l'écoute des doléances des citoyens, attentif et disposé à faire marche arrière en cas d'erreur, un gouvernement honnête où les acteurs économiques évitent des conflits d'intérêts et ne tentent pas de s'octroyer des rentes de situation et des privilèges ;

- un gouvernement efficace, modeste et modéré dans ses besoins et dans ses choix, ce qui permet de maintenir les impôts à un bas niveau.

Dans une société idéale, non seulement l'honnêteté doit être garantie par la loi, mais elle doit, aussi, être chose normale pour les individus. L'honnêteté doit être intégrée dans la culture, passer dans les mœurs comme une valeur nécessaire, comme une valeur à cultiver, à développer, et à favoriser dans tout le système formel ou informel de l'éducation. C'est dire à quel point, l'honnêteté est une valeur importante dans un pays qui veut s'engager sur la voie du développement et de la création de la richesse.

N.B : Les puritains qui ont quitté l'Angleterre pour émigrer dans les nouvelles colonies d'Amérique, et qui ont été à l'origine du développement et de la montée en puissance de ce pays, qui ont posé les bases de la Démocratie américaine, mettaient en tête de leurs valeurs : l'honnêteté, le travail acharné, la modération dans le comportement, la recherche continue du savoir et de l'instruction, d'où leur nom de puritains, qui recherchent et vivent dans la pureté.

Pour revenir à la société qui se veut favorable au développement et à la création de la richesse, par la maîtrise de certaines techniques, de la science et de technologies données, selon toujours David S. Landes, elle serait caractérisée par une mobilité qui permet aux gens de se déplacer librement à la recherche de meilleures perspectives. La réussite sociale et matérielle dépendrait de ce que les gens font d'eux-mêmes ou ne font pas.

C'est aussi une société qui s'adapte facilement à la nouveauté, qui favorise une combinaison de la jeunesse et de l'expérience, qui n'a pas peur du changement et du risque, au lieu de favoriser une fausse sécurité. C'est une société qui s'ouvre au monde de façon mesurée, mais réelle et réaliste.

Cette société n'est pas nécessairement fondée sur un partage égal, car les moyens et les talents ne sont jamais égaux, mais elle tend à une distribution plus uniforme et équitable des revenus, évitant ainsi de mettre en place un système qui repose sur les faveurs et sur les privilèges. C'est aussi une société qui tend à faire apparaître et à développer une classe moyenne plus nombreuse.

Aucun endroit sur terre n'a atteint cet idéal. Même les sociétés plus efficaces et soucieuses de développement comme on en trouve en Asie du Sud-Est et dans les pays industrialisés de l'Occident, souffrent de formes diverses de corruption, d'échecs politiques, et de rentes de situation comme les donations aux partis politiques moyennant des contrats en retour.

Malgré ces vices, ce sont ces vertus, mentionnées plus haut, qui ont favorisé le progrès social, économique et matériel. Ce n'est pas un hasard que la première nation industrielle soit celle qui se rapproche le plus de ce type nouveau d'organisation sociale.

Cette société doit aussi avoir le sentiment d'être une véritable nation, c'est-à-dire que le peuple, dans sa majorité, doit se sentir conscient de son être propre, de son image et de son avenir. Les nations peuvent concilier un projet de société avec des aspirations et des initiatives individuelles, et accroître, également, les performances grâce à la synergie collective.

Les citoyens d'une nation sont plus sensibles aux encouragements et aux initiatives de l'État et réciproquement. Cela veut dire que l'État saura mieux ce qu'il faut faire et comment en accord avec les forces vives de la société.

Et les nations engagées dans une sorte de concurrence, apprennent les unes des autres. Cette nation doit se préparer à accepter d'entrer dans la modernité, c'est-à-dire, à devenir une nation industrielle moderne. C'est dans ces conditions qu'une nation développe une capacité à se transformer et à s'adapter à des choses et des méthodes nouvelles de production et d'organisation. Par exemple, les Britanniques sont un peuple qui jouit d'une sécurité et d'une liberté toujours plus grandes.

Selon Adam Smith, il y a, au plus profond de chaque être humain, un effort naturel ou une tendance incoercible pour améliorer sa condition. Quand on laisse, à cet instinct existentiel, la faculté de se développer en toute liberté et toute confiance, le résultat peut être prodigieux. Inscrit en chacune et en chacun de nous, ce principe est si puissant que, seul et sans assistance, non seulement l'individu est capable de conduire la société à la prospérité et à l'opulence, mais il peut encore, surmonter mille obstacles absurdes, dont la sottise de certaines des lois humaines encombre très souvent sa marche. L'effet de ces entraves est, toujours, non seulement d'attenter à la liberté ou de réduire la confiance, mais l'effet néfaste est d'inhiber la créativité.

En Grande-Bretagne, l'industrie jouit d'une sécurité parfaite, et quoiqu'elle soit loin d'avoir une entière liberté, au moins elle est aussi libre ou plus libre que dans tout autre pays d'Europe[82].

La société anglaise s'est libérée très tôt, dès la fin du Moyen-Âge, du fardeau du servage. Elle a développé très tôt l'esprit individuel d'entreprise, le sens du commerce et la recherche du profit. Même si l'Angleterre était loin d'être une société parfaite, comparée aux populations de l'autre côté de la Manche, les Anglais étaient de loin plus libres et plus heureux.

Très tôt, les Anglais se préoccupaient de la transformation de produits de la terre et de la mer, afin de les assainir et de les préparer, tant pour la consommation intérieure de plus grande valeur que pour des marchés étrangers.

Le machinisme qui se développa très tôt en Angleterre, augmentait la production, contribuait à l'élévation des salaires, entraînant une plus grande consommation des produits manufacturés, et une plus grande prospérité.

Selon les observateurs, ayant développé une industrie tournée vers un vaste marché intérieur et international, une industrie centrée sur la production de biens standardisés et à prix modéré, les Anglais avaient le bon sens de fabriquer pour le peuple et pour les riches, ce qui favorisait la tendance vers une production de masse et l'émergence d'une vaste classe moyenne.

En outre, la grande tolérance de la société britannique attirait des immigrants expulsés des pays du continent pour des raisons religieuses ou autres, et ces derniers apportaient leur savoir-faire à la Grande-Bretagne.

Plus encore, la Grande-Bretagne de la Révolution industrielle accordait beaucoup d'importance au temps, aux gains de temps, à la connaissance de l'heure, et mettait beaucoup d'accent sur la rapidité des transports.

---

82 LANDES S. D, Richesse et pauvreté des nations, op. cit., p. 288

Au 18e siècle, les Britanniques étaient les premiers producteurs de montres et d'horloges au monde, car tout le monde voulait savoir l'heure, et contrôler son emploi du temps. On ne voyait pas cette frénésie et cette conscience du temps dans les autres pays d'Europe.

Au 17e et au 18èmesiècle, l'Inde avait la première industrie cotonnière au monde, mais il n'y eut aucune tentative de substituer l'utilisation de machines au travail de l'homme. Autrement dit, l'Inde ne fit aucune tentative vers la mécanisation, vers le changement technologique et vers une Révolution industrielle. En outre, l'Inde du 17e et du18ème siècle ignorait le travail du fer et bien entendu, celui de l'acier.

Les historiens qui se sont intéressés à cette question ont conclu que l'Inde du 18e siècle, quoique d'une extraordinaire habileté manuelle, manquait de base empirique pour une révolution industrielle et la connaissance scientifique n'avait connu aucun progrès significatif[83].

Au 19e siècle, les ingénieurs anglais, qui ont construit les premiers chemins de fer en Inde, constatèrent que, habituée à transporter de lourdes charges sur la tête, la main-d'œuvre locale refusait d'utiliser des brouettes. Une telle résistance aux changements n'est pas dans l'esprit d'une révolution industrielle.

Même si les autres pays d'Europe comme la France, l'Allemagne, l'Italie, et les autres ont fait beaucoup d'efforts pour s'industrialiser, la Grande-Bretagne a longtemps mené en tête. Et la richesse accumulée par l'Angleterre lui donnait une avance et une supériorité certaine sur les autres pays européens.

Les nations européennes, jalouses de la puissance et la richesse accumulée par la Grande-Bretagne, ont tout tenté pour aller apprendre en Angleterre. Mais ce fut véritablement à partir de 1815, après la défaite de Napoléon 1er et après le tracé de nouvelles frontières européennes, que l'Europe se lança dans la course.

Pour montrer à quel point l'Angleterre avait une longue avance sur certains pays européens, D.S. Landes donne, comme exemple, le taux d'alphabétisation comparé en 1900. La Grande-Bretagne

[83] Idem, op. cit., p. 301

avait 3 % de population illettrée, alors que ce taux atteignait 48 % en Italie, 56 % en Espagne et 78 % au Portugal.

Pour D.S. Landes, il n'y a ni uniformité, ni cheminement unique, ni loi du développement. Chaque pays engagé dans la voie du développement industriel suivra son propre cheminement. Comme le contenu de la technologie moderne change continuellement, les pays engagés dans la course au développement industriel feront une économie d'étapes, car ils n'auront pas besoin de répéter ce qui n'est plus nécessaire.

Mais cela n'enlève pas à l'expérience britannique sa valeur de référence. Il faut seulement pouvoir distinguer objectif et processus. Et pour les comprendre, il faut bien connaître le point de départ et bien définir les objectifs à atteindre.

Pour cela, certaines étapes à franchir sont absolument indispensables. Afin de bien aborder le processus industriel, il faut poser les bases de la mécanisation de la production.

Nul n'aime qu'on lui dise que ses échecs sont dus à ses propres fautes, ou que ce qui fait sa fierté repose sur le vice et non sur la vertu. Cependant, la réalité de la décadence demeure et demande explication. Le vrai moteur du développement d'un pays, ce ne sont pas nécessairement les ressources, ni l'argent, qui font souvent la différence.

Les vrais facteurs sont davantage à l'intérieur : dans la culture, dans les valeurs, dans l'esprit d'initiative, dans la rigueur en matière d'organisation, dans la planification, dans le courage de sortir de la routine et des sentiers battus, dans le courage d'oser entreprendre des actes audacieux.

Certes, l'argent reste le nerf de la guerre, mais l'argent n'est pas tout. Aujourd'hui nous savons comment la première nation industrielle a procédé, d'abord avec de petites machines fabriquées sur place et avec des capitaux limités.

L'entreprise britannique s'est développée en faisant des économies, en réinvestissant les profits, en associant des gens pour mettre en commun des ressources, en empruntant aux parents, à des proches et à des institutions bancaires et à des organismes de financements. Mais ces derniers ont joué un rôle plutôt mineur. Avec le temps, les machines sont devenues plus grosses.

Quand les choses devinrent plus coûteuses, comportant aussi plus de risques, le moyen le plus efficace pour mobiliser les capitaux, fut la société par actions à responsabilité limitée.

La Grande-Bretagne avait l'avantage d'avoir évité les années de guerre et de révolutions contrairement à ce qui fut le cas sur le continent de 1789 à 1815. Ces années de guerre détournèrent d'importantes ressources de la construction pour les verser dans la destruction. Ces années de guerre ruinèrent les entreprises et le commerce.

Tout pays qui veut consolider son progrès économique et le développement de son tissu industriel doit favoriser la stabilité intérieure et la paix, en évitant des conflits internes et des politiques de confrontation sociale, en respectant et en protégeant les minorités.

Même si le retard permet d'éviter certaines erreurs, et de profiter des techniques et des équipements plus récents, il a aussi un coût. Il comporte également des risques qui peuvent peser lourdement sur l'avenir.

Après les troubles de la révolution et les guerres napoléoniennes, les pays du continent européen étaient pressés de rattraper leur retard. Ils voulaient des chemins de fer, des usines, des routes et des ponts, etc. Et la question se posait. « Où trouver l'argent nécessaire à la réalisation de ces importants projets ? »

Il y a quatre sources possibles pour financer un projet :

Les investissements (économies) personnels, les intermédiaires financiers et le crédit privé, les aides gouvernementales suivant la nature du projet, et les mouvements de capitaux internationaux.

Pour mettre en œuvre l'organisation de l'industrie d'une façon ordonnée, il faut une gamme plus vaste de ressources, impliquant des banques et d'autres sources de financement. Ce genre d'opérations s'appuie aussi sur des relations, car les banques savent reconnaître en qui on peut avoir confiance et avec qui on peut travailler.

Les banques sont aujourd'hui capables de financer la construction d'usines, de chemins de fer, et toute sorte de projets industriels de moyenne ou de grande envergure, comme l'exploitation minière ou la métallurgie.

Mais aujourd'hui, un nouveau type d'institution financière s'est implanté et gagne du terrain. Les banques de crédit et de développement ont vu le jour ; elles ont pour mission le financement de l'industrie. Dans certaines régions de l'Europe, surtout en Allemagne, les banques de développement ont trouvé leur propre voie, en créant et en finançant les industries, contrôlant en même temps les résultats, contribuant ainsi, à encourager les innovations. Ces institutions nouvelles combinent, ainsi, des activités bancaires d'investissements, de commerce et de dépôts.

Bien entendu, la combinaison des prêts à court terme avec des immobilisations de fond à long terme comporte un grand risque ; elle peut mettre l'institution bancaire en difficulté, mais lorsque le pays traverse une phase de croissance accélérée, les dangers sont réduits.

Évidemment, dans ce genre de circonstances, les banques doivent faire très attention et bien sélectionner des clients solides, ceux qui présentant de grandes affaires.

Très souvent, pour des intérêts stratégiques et technologiques, certaines industries reçoivent des subventions de l'État par souci de maintien de l'ordre public, et par souci de maintien des emplois. Mais dans ce genre de situations, l'État doit s'assurer que les fonds publics injectés comme renfort dans un secteur industriel sont bien utilisés, et qu'ils ne servent pas à payer des primes abusives des dirigeants de l'entreprise subventionnée.

Les subventions et les aides directes à certaines formes d'industries sont des recours fréquents, même si la chose n'est pas toujours manifeste. Les subventions, exemptions et autres privilèges fiscaux sont des instruments courants de soutien et d'incitation à l'investissement.

Une fois que l'industrialisation parrainée par l'État a fait des progrès, les fonds accumulés peuvent financer de nouveau les banques d'affaires, afin de poursuivre le financement d'autres entreprises de fabrication industrielles.

Bien entendu, l'industrialisation d'un pays doit s'accompagner d'une bonne éducation de la population, pour former une main-d'œuvre de qualité et une solide classe moyenne. Celle-ci constitue la principale consommatrice des produits de l'industrie. Le système d'éducation doit encadrer une bonne évolution intellectuelle, afin d'ouvrir la voie au développement de la recherche scientifique.

Un pays en voie d'industrialisation se doit de réduire les privilèges accordés à la classe dirigeante, qui dilapide les ressources et s'éloigne des réalités du peuple.

La dernière source de financement de l'industrie provient du mouvement de capitaux internationaux. Pour réussir à attirer les capitaux étrangers chez soi, il est évident que certaines conditions doivent être réunies. Il faut d'abord garder en mémoire certains principes. Les hommes d'affaires sont toujours intéressés par l'argent et sont prêts à aller le gagner là où des opportunités se présentent.

Ils ne vont certainement pas s'engager la tête baissée ou les yeux fermés. Ils vont s'efforcer de minimiser les risques, et de trouver les voies et moyens pour maximiser les profits. Ils vont rechercher un environnement stable et sécurisé dans lequel ils retrouvent les mœurs et les cultures qui leur sont familières. Il appartient aux importateurs d'investissements de réunir le maximum possible de ces conditions, en gardant un certain équilibre avec les intérêts nationaux.

11. L'industrie métallurgique, base du développement industriel

C'est au lendemain du Congrès de Vienne de 1815 que l'industrie métallurgique française entra dans l'ère de la technologie moderne. L'industrie française était poussée par trois mobiles principaux.

- La France avait un sérieux retard à rattraper en matière d'apprentissage technologique par rapport à la Grande-Bretagne.

- Le pays avait un grand besoin de se doter de voies de transports plus modernes. Il avait également besoin de construire un réseau de chemins de fer. L'urgence s'imposait. Et il y avait une importante demande de fer liée à la construction d'un réseau ferroviaire.

-Pour cela, l'industrie avait besoin d'adopter des techniques plus modernes de production de la fonte au coke, de puddlage, et du laminage du fer au charbon. Le pays accusait plus d'un demi-siècle de retard par rapport à ses voisins et concurrents[84].

Un pays qui voulait garder son statut de grande puissance européenne ne pouvait pas se permettre de rester à la traîne derrière ses voisins. C'est ainsi qu'une équipe de techniciens formés à l'École polytechnique et des marchands expérimentés réunirent l'argent et le savoir nécessaires pour relancer les activités métallurgiques.

Selon l'auteur américain Alexander Gerschenkron, le fait de démarrer après les autres peut comporter certains avantages. Tout dépend de la capacité de franchir le fossé du savoir et de la pratique qui sépare les économies en retard des économies avancées.

Gerschenkron voyait, dans ce fossé, une incitation au dépassement de soi, une invitation à l'effort. Plus ce retard est grand, plus grand est aussi le potentiel dont dispose l'économie en retard, pour franchir le fossé plus vite, car il y a des connaissances acquises qui sont à leur disposition et qui leur permettent d'éviter des erreurs,

---

[84] LANDES, S.D, Richesse et pauvreté des nations, op. cit., p. 349

d'avancer plus vite, d'une façon plus organisée. Les pays qui étaient en retard se développent parfois plus vite que leurs prédécesseurs. Ils peuvent atteindre une vitesse d'accélération conduisant à des taux exceptionnels de développement et de création de la richesse.

L'exemple du Japon, de la Chine, de l'Inde, des pays du Sud-Est asiatique est une illustration parfaite de l'étude de Gerschenkron. Une croissance s'appuie sur les techniques les plus modernes et les plus efficaces et, partant, les plus payantes, ajoute Gerschenkron.

Mais, pour réussir cette performance, tout dépend de la façon dont ces pays en retard peuvent maîtriser l'acquisition des connaissances et du savoir-faire nécessaires à la mise en place du système et des appareils à la fois de production, de coordination, d'organisation et de gestion industrielles. La mobilisation de capitaux étant l'élément fondamental, le savoir-faire dans l'organisation des séquences et du processus permet d'éviter les pièges et les erreurs.

Quelles que soient les critiques formulées à l'égard de l'approche de Gerschenkron, les spécialistes du développement industriel restent toujours influencés par ses idées. La conclusion est que les retardataires doivent procéder à des adaptations particulières pour compenser leur handicap et les changements intervenus ailleurs. Avec l'aide de l'intelligence et de la volonté, ils peuvent trouver les moyens de le faire[85].

---

[85] Idem, p. 355

12. Le savoir, nouvel instrument de création de la richesse

Depuis les temps les plus reculés de l'histoire, le savoir technique a toujours été l'outil de base à partir duquel le reste se construit. Dès le début de la Révolution industrielle, en Grande-Bretagne, c'est-à-dire dès le début des années 1720, la France faisait tout ce qui était en son pouvoir pour aller chercher des informations sur le terrain, ou pour recruter une gamme variée d'artisans qualifiés et d'ouvriers britanniques spécialisés dans certaines techniques, comme la fonte des métaux ou la fabrication des montres.

D'autres partaient pour des raisons personnelles et s'installaient dans un autre pays, emmenant avec eux leur savoir technique. C'est ainsi que la famille Cockerill quitta la Grande-Bretagne et s'installa à Verviers, en Belgique, au début des années 1800 et, plus tard, à Liège qui est devenue depuis lors, un centre sidérurgique important pour le développement de l'industrie belge.

Entrepreneur de talent, d'une intelligence exceptionnelle, John Cockerill bâtit un empire international précurseur des entreprises multinationales du 20e siècle.

Pour accélérer l'acquisition des connaissances que la Révolution industrielle semblait réclamer dès la 2e moitié du 18e siècle, des pays comme la France, la Grande-Bretagne, l'Allemagne ou la Suède, commencèrent à créer des écoles consacrées à l'enseignement des sciences et des techniques, afin de former une classe de techniciens et un personnel d'encadrement d'un niveau bien plus élevé que celui d'avant.

En France, l'École polytechnique, originairement appelée École centrale des travaux publics, fut créée en 1794. Initialement conçue comme une école militaire qui devait former des officiers de cavalerie et du génie, elle changea rapidement d'orientation. Dès le départ, le gouvernement révolutionnaire nomma comme enseignants, des savants et des mathématiciens de renom. L'école attira les meilleurs élèves français[86].

L'institution prit rapidement un caractère élitiste, forma des techniciens qui occupèrent des postes-clés de l'ingénierie française et, plus tard, dirigèrent des entreprises françaises de haute technologie.

À côté de l'École polytechnique existaient l'École des mines et l'École des ponts et chaussées, mais le milieu des affaires sentit le besoin d'une autre école ayant le niveau de Polytechnique avec, cependant des objectifs beaucoup plus pratiques. Ce fut l'École centrale des arts et manufactures, qui a été créée comme un établissement privé, en 1829.

L'école devint un établissement d'État, en 1856, avec la mission spécifique de former des ingénieurs et des dirigeants d'entreprises. Dotés d'une plus grande ouverture d'esprit, ses diplômés réussirent davantage dans les secteurs nouveaux, comme la construction automobile et l'industrie aéronautique.

En Allemagne, un établissement d'enseignement technique supérieur fut ouvert à Karlsruhe en 1825. Elle forma des générations de chimistes et d'ingénieurs qui apportèrent une grande contribution au développement de l'industrie et de l'innovation allemande.

L'exemple français fut comme une tache d'huile. L'École polytechnique suscita des modèles semblables à Prague, à Vienne, à Zurich en Suisse, et jusqu'à Moscou.

À l'université, les Allemands encouragèrent aussi l'enseignement et la recherche, ainsi que des sciences appliquées au développement des technologies, ce qui favorisait une étroite interaction entre les universités et le lancement de nouveaux produits par les entreprises engagées dans la recherche et dans l'innovation.

Ce fut là le fer de lance de l'expérimentation et de l'investigation théorique, et la création du laboratoire d'enseignement et d'expérimentation dénommé Justus Liebig, en 1830, couronna un système

[86] Idem, p. 364

d'enseignement qui devint, à la fin du siècle, un modèle et un objet d'envie pour le reste du monde[87].

Ce modèle, qui combinait enseignement, recherche et expérimentation des sciences appliquées amena l'Allemagne au premier rang de l'industrialisation sur le continent européen à la fin du 19e siècle, un peu avant l'année 1900.

Pendant tout le 18e siècle, la Grande-Bretagne avait porté quasiment seule le fardeau de la Révolution industrielle. Elle avait produit des talents et des génies, souvent autodidactes. Dès le début du 19e siècle, les frontières des possibilités et de l'innovation technologique se déplaçaient. La recherche scientifique avait besoin de nouveaux outils et de laboratoires, pour alimenter l'industrie avec de nouveaux éléments du savoir.

Ces orientations scientifiques nouvelles eurent rapidement des retombées dans deux domaines industriels importants, à savoir l'industrie chimique et l'électricité. À propos de ces retombées, l'éminent professeur D.S. Landes compare les anciennes branches de la chimie, comme une sorte de cuisine industrielle, avec, comme mode d'action : « Mélangez, chauffez, remuez, gardez ce qui est bon, jetez le reste, comme dans les techniques des brasseries traditionnelles ».

La mécanisation apporta à l'industrie des équipements nouveaux et plus efficaces, des fours plus grands et plus rapides, des mélangeurs, des broyeurs ou des outils de coupe. La chimie organique permit d'obtenir des produits révolutionnaires, comme des composés du carbone, des colorants et des teintures, des produits pharmaceutiques et, vers la fin du siècle, des matières artificielles regroupées sous le nom de matières plastiques.

Du côté de l'électricité, nous avons déjà décrit les étapes successives. Des progrès spectaculaires ont été obtenus après les découvertes des physiciens comme Volta, Ampère, Faraday, etc. Bien sûr, l'ère de l'électricité s'est affirmée avec l'invention des générateurs et des dynamos, inventions qui ont été complétées par celle de la lampe à incandescence de Thomas Edison (1879). La

[87] Landes S.D, Richesse et pauvreté des nations, op. cit., p. 364

construction de moteurs électriques a été suivie par l'émergence de l'automobile.

En chimie comme en électricité, l'apprentissage et l'acquisition des compétences sont le résultat de l'enseignement formel. Ce sont des phénomènes qui échappent à la perception des sens, qui exigent des formules, des schémas et des diagrammes, pour les expliquer. Il est toujours nécessaire d'acquérir ces principes et ces connaissances de base dans les écoles et dans les laboratoires.

L'Europe occidentale ayant placé sa confiance dans l'instruction et dans l'éducation – ce qui n'est pas toujours le cas dans toutes les régions du monde –, l'expérience fut payante. Elle permit de développer, d'enseigner et d'apprendre de nouvelles technologies.

Ce mariage de la science et de la technique inaugura une phase que Simon Kuznets qualifia d'Ère de la croissance économique moderne. Elle coïncide avec la deuxième phase de la Révolution industrielle, dont on sait qu'elle a été amorcée avec la 2e moitié du 19e siècle[88].

Elle fut, notamment, marquée par d'extraordinaires innovations, telles que l'utilisation de combustibles liquides et gazeux dans des moteurs à combustion interne, la distribution de l'énergie grâce au courant électrique, la transformation systématique de la matière, l'amélioration de moyens de communication, l'invention de machines actionnées par les nouvelles sources d'énergie (véhicules à moteurs, appareils électroménagers, etc.)

Mais le grand mérite revient à la science transmise de façon formelle par l'école. Même si le jeu des alliances entre la science et la technique remonte aux années du Moyen-Âge, ce ne fut qu'à la fin du 19e siècle que la science prit la tête, pour guider la technique et le développement des nouvelles technologies.

Depuis lors, inventeurs et chercheurs potentiels jugèrent intéressant d'étudier d'abord la littérature scientifique, avant de concevoir leurs objectifs et de se lancer dans leurs projets.

Placés devant des besoins de développement, ils préfèrent commencer par se poser cette question : « Quoi faire et comment le faire ? » Seule la littérature scientifique peut donner la réponse

---

[88] Idem, op. cit., p. 367

à cette question. C'est ainsi que l'innovateur se retrouve régulièrement rattrapé et même dépassé. C'est ainsi que l'esprit parvient toujours à dominer la matière.

À partir de là, il est permis de dire que tout reste possible à ceux qui ont les bras pour travailler, le cerveau pour réfléchir, et du caractère pour oser et relever les défis.

L'histoire, comme le temps, a un sens et une orientation. Le cours de l'histoire est irrégulier, il peut bégayer de temps en temps, mais il ne peut aller que vers l'avant[89].

Au lendemain de la Deuxième Guerre mondiale, les allemands, comme les Japonais, qui manquaient de tout au cours des premières années de l'après-guerre, ont construit leur redressement par le travail, par l'éducation et par la volonté.

La production industrielle s'accompagne toujours d'un système de contrôle de la qualité efficace et très rigoureux, par une éthique de responsabilité sans faille. Elle exige un travail d'équipe efficace, une bonne communication et partage des idées entre les ouvriers et les superviseurs de production, ainsi qu'une attention constante portée aux moindres détails, de façon à éliminer les erreurs, avec l'objectif « Zéro défaut ».

Parfois, une intervention du gouvernement doit être décisive, pour inciter les opérateurs nationaux à investir dans certains secteurs jugés vitaux pour le développement industriel et technique national.

Au Japon, en 1938, il a fallu une loi votée par le parlement japonais, pour imposer de très lourds droits de douane sur tous les véhicules étrangers prêts à rouler, et sur les chaînes de montage en pièces détachées, afin de forcer l'augmentation de la production automobile du pays. Depuis lors, le Japon est devenu le premier constructeur automobile au monde, avec la qualité et la manière.

Ces solides barrières douanières forcèrent les Américains à reculer, et les parts des entreprises comme Nissan, Toyota, Isuzu ou Mitsubishi augmentèrent de près de 60 %.

---

[89] LANDES S. D, Richesse et pauvreté des Nations, op. cit., p. 394

Même après la guerre, le ministère japonais du Commerce et de l'Industrie (le célèbre MITI) mit en place tout un système incitatif : des prêts moins chers, des privilèges fiscaux, une protection contre la concurrence étrangère, etc. C'est ainsi qu'une grande capacité de la production automobile, qui renforçait la puissance de la nation, prit son envol et conquit le monde entier. La défaite subie par le Japon au cours de la Deuxième Guerre mondiale, défaite infligée par les Américains, avait laissé une profonde blessure dans le cœur des Japonais.

Les Japonais se savaient plus courageux que les Américains au combat, mais les Américains possédaient une puissance industrielle supérieure à celle du Japon. Blessés dans leur orgueil, les dirigeants japonais en étaient conscients. C'est pourquoi ils avaient hâte de combler leur retard dans le développement industriel, afin d'effacer cette humiliation. Ils y sont parvenus.

Depuis les années 1980, le Japon avait dépassé les États-Unis. Il était devenu le plus grand constructeur automobile au monde, en l'espace d'environ 30 ans. Pourquoi un tel résultat ? Parce que, dans le travail et dans l'organisation, les Japonais avaient fait preuve d'énergie, d'application, d'ingéniosité, et d'esprit d'entreprise.

13. La route à suivre pour l'Afrique afin de créer plus de richesse et pour mettre fin à la pauvreté

Pour répondre à cette question, tous les économistes du monde sont unanimes. De toutes les zones dites en voie de développement, c'est l'Afrique sub-saharienne qui fait moins bien. Les gouvernements sont qualifiés d'inaptes à organiser le développement économique et social. L'absence de technologies est effrayante. L'enseignement est partout inadapté, les dirigeants sont jugés souvent incompétents.

Le surpeuplement, qui entraîne dans son sillage, famines, maladies et pauvreté ne fait que s'aggraver avec les années, le tout sur fond d'une multitude de fléaux. Dans certains pays, le revenu annuel par habitant est aujourd'hui inférieur à ce qu'il était avant les indépendances. Beaucoup de pays produisent trop peu de nourriture, ou une nourriture inadaptée. Ces pays doivent importer des denrées alimentaires de l'extérieur, à un coût qui dépasse les revenus et la balance de payement.

Cette façon de vivre a des conséquences comme un déficit permanent, des famines récurrentes, une pauvreté endémique, des guerres de pauvreté sans fin, des maladies comme l'Ébola, un exode rural massif vers des centres urbains sans eau ni électricité suffisante, sans infrastructures d'accueil et d'encadrement.

Aucun autre endroit au monde n'est aussi assujetti à la question de survie. Et la production alimentaire ne peut pas suivre l'évolution croissante et rapide de la population. Une dégradation rapide de l'environnement aggrave la situation quotidienne. Un développement rapide s'impose.

Pour conclure, D.S. Landes constate que beaucoup de pays de l'Afrique sub-saharienne ont acquis l'indépendance sans préparation, sans aucune expérience de l'autonomie politique. Même si, dans certains pays la transition vers l'indépendance fut précédée d'une guerre de libération qui avait mobilisé les passions et le souci identitaire, l'héritage fut celui de pouvoirs autocratiques, exercés par des hommes dits forts, incarnant peu la volonté populaire.

Bien souvent donc, la stabilité a reposé sur la vigueur d'un seul homme ou d'un homme seul. Lorsque celui-ci s'affaiblissait ou disparaissait, une période d'anarchie s'en suivait inévitablement. Les gouvernements fondés sur l'autoritarisme de cet homme fort se sont révélés inefficaces, sauf peut-être dans un domaine, à savoir le pillage du pays, conclut Landes[90].

En Afrique, les gens les plus riches sont les chefs d'État et leurs ministres. Une grande partie de l'aide extérieure prend le chemin des comptes numérotés à l'étranger selon George B.N Ayittey dans un rapport aux Nations-Unies sur l'Afrique, paru dans le Wall Street Journal du 26 juillet 1996.

Et finalement, le continent africain, cette terre pleine d'espérance mais aussi de désespérance, de courage et d'abandon, continue à s'enfoncer, chaque jour dans la pauvreté, malgré tous les bienfaits du savoir et des technologies aujourd'hui à notre disposition.

Si l'Indonésie, la Corée, le Japon, la Chine, et aujourd'hui l'Inde, ont pu aussi bien faire, pourquoi le Nigeria, le Kenya, le Congo, l'Éthiopie, l'Angola, la République Centre-Africaine, le Sud-Sudan et les autres, ne le feraient-ils pas ?

Mais rien n'est perdu. Plus la situation est dramatique, plus le potentiel d'amélioration est grand. Il a fallu des siècles à l'Europe pour faire la Révolution industrielle, avant d'arriver là où elle en est. Il faudra quelques décennies à l'Afrique pour y parvenir. Encore une fois, il suffira de l'intelligence, de la volonté, de l'audace, de l'esprit d'organisation et d'entreprise, sinon, aujourd'hui, tous les moyens sont là.

---

[90] Op. cit., p. 647

Bibliographie

1. BRIDGMAN Roger, 1994, *L'électronique*, éd. Gallimard, Paris. Titre original : *Eyewitness science guide : Electronics*

2. BURCHELL S.C 1966, *L'Âge du progrès*, éd. Time-Life Books B.V. Les grandes époques de l'homme, Une histoire des civilisations mondiales

3. DE LA BEDOYERE Guy, 2005, *Les premiers ordinateurs*, éd. Hurtubise HMH, Montréal, Québec. Titre original : *The first computers*, publié par Evans Brothers Limited

4. DUROSELLE J.B, 1964, *L'Europe de 1815 à nos jours*, PUF, 10e éd. 2002

5. FORNI D. 2000, *L'Âge des grandes découvertes*, éd. Le Sorbier, Paris. Titre original : *L'Ascessa Dell'Europe, L'Eta'delle grandi Scoperte*

6. GALLO Max, 1997, *Napoléon, l'empereur des rois*, R. LAFFONT. Une édition du Club Loisirs, Paris

7. GALLO Max, 1998, *Napoléon, le soleil d'Austerlitz*, Pocket, Paris

8. GATES Bill, 1995, *La route du futur*, Robert Laffont, Paris. Titre original : *The road ahead*, Viking Penguin, Penguin Books, USA Inc,

9. HENDERSON W.O, 1969, *La Révolution industrielle* (1780-1914), Flammarion, Paris, 1970, Titre original : *The Industrialization of Europe (1780-1914)*, Thames and Hudson, Printed in England

10. KEARNS G.D.2005, *Abraham Lincoln, l'homme qui rêva l'Amérique*. Titre original : *Team of Rivals, The Political genius of Abraham Lincoln*, S&S Inc

11. LACROIX J.M, 1996, *L'histoire des Etats-Unis*, PUF, 4e éd.2010

12. *La Grande-Bretagne, Peuples et Nations*, Time-Life Amsterdam, 1985

13. LANDES S. David, 1998, *Richesse et pauvreté des nations. Pourquoi des riches ? Pourquoi des pauvres ?* Albin Michel, Paris. Titre original : *The wealth and poverty of nations. Why some are so rich and some so poor?*

14. LANGLOIS G., VILLEMURE G., 2012, *Histoire de la civilisation occidentale*, ED. Beauchemin, Chenelière-Éducation, Montréal, Qc, 5e éd.

15. LASHINSKY Adam, 2012, *Au cœur d'Apple. Dans les coulisses de l'entreprise la plus secrète du monde*, éd. de L'Homme, Montréal, QC. Titre original : *Inside Apple. How America's most admired and secretive company Really works?* Publié par Business Plus, Grand Central Publishing

16. LILEN Henri, 1974, *L'aventure électronique*, éd. La Farandole, Paris

17. NEGRU John, 1990, *Le siècle de l'électricité*, L'Association canadienne de l'électricité, 1891-1991, Imprimé par Pierre Desmarais Inc. Montréal, Québec

18. SIMON Edith : 1968, *La Réforme*, Time-Life Inc. Les grandes époques de l'homme.

19. TOFFLER A. 1971, *Le choc du futur*, éd. Denoël, Paris, France. Titre original : *Futur chock*, published by Random House, New York

20. TOFFLER A. 1990, *Les nouveaux pouvoirs*, éd. Fayard, Paris. Titre original : *Power shift, Knowledge, Wealth and Violence at the edge of the 21st C*

21. TOFFLER Alvin et Heidi, 2006, *La richesse révolutionnaire*, éd. Plon, Paris. Titre original : *Revolutionary wealth*, published by Alfred A. Knopf, New York

22. 1985, *Les inventions qui ont changé le monde*, Sélection du Reader's Digest. Titre original : *The inventions that changed the World*, by The Reader's Digest Association Limited, London.

23. YEE Paul, 2010, *De fer et de sang. La construction du chemin de fer canadien*, Ed. Scholastic. Titre original : *Blood and iron*, éd. Scholastic, Toronto

Table

Structures éditoriales du groupe L'Harmattan

L'Harmattan Italie
Via degli Artisti, 15
10124 Torino
harmattan.italia@gmail.com

L'Harmattan Hongrie
Kossuth l. u. 14-16.
1053 Budapest
harmattan@harmattan.hu

L'Harmattan Sénégal
10 VDN en face Mermoz
BP 45034 Dakar-Fann
senharmattan@gmail.com

L'Harmattan Cameroun
TSINGA/FECAFOOT
BP 11486 Yaoundé
inkoukam@gmail.com

L'Harmattan Burkina Faso
Achille Somé – tengnule@hotmail.fr

L'Harmattan Guinée
Almamya, rue KA 028 OKB Agency
BP 3470 Conakry
harmattanguinee@yahoo.fr

L'Harmattan RDC
185, avenue Nyangwe
Commune de Lingwala – Kinshasa
matangilamusadila@yahoo.fr

L'Harmattan Congo
67, boulevard Denis-Sassou-N'Guesso
BP 2874 Brazzaville
harmattan.congo@yahoo.fr

L'Harmattan Mali
ACI 2000 - Immeuble Mgr Jean Marie Cisse
Bureau 10
BP 145 Bamako-Mali
mali@harmattan.fr

L'Harmattan Togo
Djidjole – Lomé
Maison Amela
face EPP BATOME
ddamela@aol.com

L'Harmattan Côte d'Ivoire
Résidence Karl – Cité des Arts
Abidjan-Cocody
03 BP 1588 Abidjan
espace_harmattan.ci@hotmail.fr

Nos librairies en France

Librairie internationale
16, rue des Écoles
75005 Paris
librairie.internationale@harmattan.fr
01 40 46 79 11
www.librairieharmattan.com

Librairie des savoirs
21, rue des Écoles
75005 Paris
librairie.sh@harmattan.fr
01 46 34 13 71
www.librairieharmattansh.com

Librairie Le Lucernaire
53, rue Notre-Dame-des-Champs
75006 Paris
librairie@lucernaire.fr
01 42 22 67 13

www.ingramcontent.com/pod-product-compliance
Lightning Source LLC
LaVergne TN
LVHW010932051026
849532LV00003B/958
* 9 7 8 2 3 4 3 2 4 9 7 2 8 *